Kriecherl sind keine Schleimer oder andere unterwürfige Existenzen, sondern kleine Pflaumen, die einen besonders aromatischen Fruchtbrand ergeben.

Kuchlnotdurft bezeichnet nicht den Missbrauch einer Küche als WC, sondern ist ein Sammelbegriff für verschiedene Gemüsearten.

Lawutschibria meint keine Briesorte, sondern jene Brühe, die angeblich als deutscher Filterkaffee angeboten wird.

Marmeladinger ist kein Herrschergeschlecht, das die Tradition des süßen Brotaufstrichs begründete, es sind aus Sicht der Wiener die Norddeutschen.

Nudelfriedhof bezeichnet keinen Ort, an dem missglückte oder verdorbene Teigwaren entsorgt werden, sondern eine Nymphomanin, bei der zahlreiche männliche Nudeln Unterschlupf fanden.

Ein *Pappenstiel* ist kein wertloser Papierstreifen, sondern ein (gerne auch silberner) Esslöffel, der in die Pappen, sprich in den Mund eingeführt wird.

Eine *Pastete* ist nicht unbedingt eine feinblättrige Teigdelikatesse, sondern eine dumme Geschichte, in die einer reingeraten ist.

Pferscher ist kein anderer Ausdruck für Pfuscher, sondern für Pfirsich.

Zum *Pfiff* müssen die Lippen nicht gespitzt werden, nur geöffnet: So heißt ein Achtel Bier, das gern zum Aperitif getrunken wird. Und weil der Pfiff eine Maßeinheit ist, gibt es auch einen Pfiff Wein.

Wird vom *Quargelsturz* geredet, heißt das nicht, dass jemand auf Quark ausgerutscht ist; vielmehr nennt sich die Käseglocke so, weil sie auch den Quargel, eine besonders intensiv riechende Käsesorte, gnädig bedeckt.

Rauschkugel meint keinen Rumtrüffel, sondern einen bereits kullernden Zecher.

Mit *Reissschüssel* wird kein Gefäß für das asiatische Grundnahrungsmittel bezeichnet, sondern ein japanisches Auto.

Bei einer *Ringlotte* handelt es sich nicht um einen kreisförmig gelegten Edelfisch, vielmehr um eine der österreichischen Aussprache angepasste Reineclaude.

Schmalzgesellen beschäftigen sich nicht mit ausgelassenem Fett, sie produzieren rührselige Lyrik.

Schotten sind nicht Männer, die ein Geheimnis aus ihren Dessous machen; so heißt der Quark.

Speiskarten können auch unerfreulich sein, denn so wird auch das Vorstrafenregister genannt.

Spinatwachter sind nicht dafür da, den biologisch einwandfreien Anbau von Spinat zu kontrollieren; es sind kleinliche, rechthaberische Beamte, früher vor allem die Zollwächter mit den spinatgrünen Aufschlägen an der Uniform.

Stoppeln haben beim Wein mehr zu suchen als ein Barthaar in der Suppe: Es sind die Korken.

Sturm ist keine meteorologische Unwirtlichkeit, die früher einen weiblichen Vornamen bekam; sondern ein Traubensaft, der den Zustand des Süßmosts hinter sich hat, aber noch nicht die Reifeprüfung als Wein ablegen kann.

Ein *Sterz* auf dem Teller ist kein Grund für Tierschützer, sich über abgeschnittene Schwänzchen von Enten oder Erpeln aufzuregen; es ist eine einfache Speise aus Mais, Kartoffeln oder Buchweizen.

Ungschirr sagt man nicht zu einem unpassenden Speiseservice, sondern zu einer Unpässlichkeit.

Vogerlsalat ist keine nach Wien importierte italienische Grausamkeit, vielmehr das, was anderswo Feldsalat heißt.

Vollfett bezeichnet nicht einen hohen Gehalt an Lipiden, sondern den Zustand eines Menschen nach der vierten Flasche Veltliner.

Eine *Wiener Auster* ist keine *fine claire* aus der Donau, es ist eine Mixtur aus einem Kibitzei und Zitronensaft, die aus einem silbernen Schöpflöffel geschlürft wurde, begleitet von einem extrakleinen Glas Sekt. Diese Spezialität der Wiener Dandys ist heute in Vergessenheit geraten.

Wiener Geschichten

EIN HAMBURGER IN WIEN:
Gottfried Semper erhielt den Auftrag, am Burgring das Kunsthistorische und spiegelbildlich dazu das Naturhistorische Museum zu bauen. Und kam damit beim Publikum besser an als die meisten einheimischen Historisten.

EIN EWIGES RÄTSEL: *Fremde vermögen die Wiener Wesensart so wenig zu deuten wie das Lächeln dieser Sphinx vor dem Oberen Belvedere, erbaut von Lukas von Hildebrandt im Auftrag des Prinzen Eugen.*

KOLLISIONEN: *Wenn Stile kollidieren, stoßen in Wien auch die Meinungen frontal aufeinander. Ein Paradebeispiel ist das Museum für Moderne Kunst von Ortner und Ortner und die barocken Zweckbauten im Museumsquartier.*

LINKS | *Blick in das Café Sperl*
FOLGENDE SEITE | *Hier findet ein Wiener Heilung: die Gösser Bierklinik. In dem Haus aus dem Jahr 1566 erfreut die Brauerei Gösser Lebens- und andere Künstler zum Frühstück um 15 Uhr mit einem Herrengulasch zum Bier.*

Wiener Geschichten

EIN STREIFZUG
DURCH BEISLN, BARS
UND KAFFEEHÄUSER
DER KÜNSTLER

Idee und Text
   Eva Gesine Baur

Fotografien
   Berthold Steinhilber

KNESEBECK

Inhalt

Liebe zu Wien	18	oder Der Leumund einer Leidenschaft
Café Central	40	oder Die Kultur des Schnorrens
Griechenbeisl	56	oder Die Kehrseite des Ruhms
K. u. K. Hofzuckerbäckerei Demel	76	oder Die Wahrung der Würde
Club Gutruf	90	oder Die Kunst des Schmähs
Café Sperl	106	oder Das Geheimnis der Friedlichkeit
Lusthaus	120	oder Die Logistik des Feierns
Café Hawelka	132	oder Die Schule der Ökonomie
Mayer am Pfarrplatz	146	oder Nur im Wein liegt die Wahrheit
Café Museum	162	oder Die Sehnsucht nach Wärme
Café Prückel	176	oder Die wunderbare Welt des Stilbruchs
Zum Schwarzen Kameel	188	oder Das Unterirdische und das Überirdische
American Bar	202	oder Das Nackte als Feindbild
Café Landtmann	214	oder Sigmunds Freude
Verführung auf eigene Gefahr	226	oder Die Brisanz einer Geliebten
Anhang	232	Viten Literaturhinweise Kaffeekunde

Liebe zu Wien

LIEBE ZU WIEN ODER
DER LEUMUND EINER LEIDENSCHAFT

Wer in Wien Urlaub macht, braucht dafür Argumente. Am Image dieser Stadt kleben nämlich mehr Vorurteile als Fliegen am Leimstreifen in der Bauernstube. Politische und weltanschauliche Argumente sind mühsam, gesundheitliche jedoch kommen heute besonders gut an. Und die sprechen sehr für die Stadt an der Donau und gegen ihre ähnlich kulturgeschwängerte Schwester am Arno.

»Florenz sehen und krank werden« ist kein Slogan, mit dem die Wiener dort Besucher abwerben, es ist ein Tatbestand. Das *Florence-Syndrome* ist offiziell diagnostiziert. Touristen brechen in der Stadt zwischen Uffizien und Baptisterium zusammen, weil sie der Gedanke an das Bildungs-Pflichtprogramm überfordert. In Wien aber, wo es ebenso bedeutende Museen, Bauten, Sammlungen und Denkmäler gibt, bricht keiner zusammen, es sei denn nach einer Überdosis Backhendl. Wien entspannt, weil es dort nicht nach Kulturstress riecht und nicht nach dem Schweiß der Kunstreisenden. Es fällt in Wien ganz leicht, auf den Geschmack an der Kulturgeschichte zu kommen. Man kann sie mit Löffeln essen wie eine Frittatensuppe, in sich hineinziehen wie den rumverstärkten Fiakerkaffee, sie sich auf der Zunge zergehen lassen wie eine Jiddische Hendlleber. Und wer keine Lust auf ermüdende Stadtwanderungen hat, kann sein Kulturgeschichtsstudium auch am Tisch sitzend beginnen.

Die meisten der klassischen Wiener Gerichte kommen aus Wiens bunter Vergangenheit, aus der italienischen und der böhmischen, der ungarischen und der altösterreichischen Küchentradition. Sie könnten Geschichten erzählen, von dem Gefälle zwischen Fürsten, denen die gebratenen Tauben in den Mund flogen, und Fiakerkutschern, die sich an Billigbrand mit Mokka innerlich erwärmten, von konfessioneller Vielfalt und sorgsam kultivierter Einfalt, von großen Kriegen wie dem Kampf gegen die türkischen Belagerer, der Wien neben der Kaffeekultur auch den Strudel und die halbmondförmigen Kipferl bescherte, und von Kleinkriegen wie dem um das Recht, einen runden Schokoladenkuchen mit Marmelade »Original Sachertorte« zu nennen.

Wien entspannt. Hier wird das Wesentliche nicht als unverdaulicher, trockener Bildungsbrocken aufgetischt, sondern appetitanregend dargeboten. In Aphorismen, Anekdoten, Seitenhieben und kabarettistischen Einlagen, die Biss haben und meist gut gepfeffert

sind. Die Wiener kultivieren schon lange den deftigen Imbiss, vom kleinen sogenannten Herrengulasch, das in jedem Kaffeehaus serviert wird, über die von Gourmets geschmähte Würstel-Vielfalt bis zu den Schwarzbrotschnittchen mit unterschiedlichen Aufstrichen, die bei *Trzesniewski*, der wie viele echte Wiener aus Krakau zugewandert war, seit 1902 mit immer noch wachsendem Erfolg verkauft werden und auch beim *Kameel* Einheimische und Touristen wie magisch in den Laden ziehen. Während sich die Hamlets der Kulinarik in Paris mit der Frage quälen: »Fein oder nicht fein?«, fragen sich die Wiener nur: »Schmeckt's oder schmeckt's nicht?« Wien ist nicht wie Paris eine Stadt der Savoir-vivre-Traktate und Gastrosophen, es gab hier keinen Brillat-Savarin und keinen Grimod de la Reynière, hier wurde nie *über* das Essen und Trinken philosophiert, sondern *während* des Essens und Trinkens. Doch das darf den Fremden nicht dazu verleiten, eines zu übersehen: Wien ist eine Stadt, die ihre Gebote hat. Und die sind von alttestamentarischer Wucht und Würde.

Auszüge aus den 7 Geboten:

I. Du sollst die Herren Ober ehren

Die gelöste Atmosphäre in Kaffeehäusern und Beisln verführt Uneingeweihte oft zu einer Lässigkeit, die hier als äußerst unangemessen geahndet wird. Dass diese Etablissements das Zuhause der Bohème waren, darf nicht zu falschen Schlüssen verleiten. Gut, das Beisl hat seinen Namen vom jiddischen *bejß*, was nichts anderes als »Haus« bedeutet. Und das Wort Kaffeehaus bietet in seinem vorderen Teil zwar die türkische Bezeichnung für das braunschwarze Getränk, *kahve*, an, im hinteren aber auch eine Unterkunft. Dass sich dort gerade die angeblich unbehausten Künstler heimisch fühlten, ganz gleich ob sie wie Gustav Mahler oder Carl Moll eine Villa samt Familienleben besaßen oder wie Peter Altenberg bestenfalls ein Zimmer im Stundenhotel, hat einen simplen Grund: Hier war die Welt nie in Ordnung. Und nur das dominante Verhalten der Herren Ober verhinderte ein völliges Chaos. Deren vielbeschworene Dienstbarkeit war nämlich nichts anderes als ein Tribut an die Unterdrückten, eine Tarnung ihrer diktatorischen Macht.

OBEN | LECKERES MISSVERSTÄNDNIS:
Der Naschmarkt hat seinen Namen nicht vom Naschen, sondern von den Aschen, wie die Milcheimer hießen.

VORHERGEHENDE DOPPELSEITE |
BLUTIGE LEGENDE: *Dass diese Gasse ihren Namen davon hat, dass hier 1312 Templer erschlagen wurden, widerlegt die Forschung. Sicher ist, dass sie bis 1392 Kothgässl hieß.*

K. U. K.: *Der Adel wurde in Österreich am 3. April 1919 abgeschafft, und doch verkauft sich die Aristokratie nirgendwo besser als hier.*

Und wer im *Café Landtmann* meint, er könne dem Herrn Ober erklären, ein *latte macchiato* sei eine helle Melange, kann ebenso gut die Füße auf den Tisch legen. Ober werden nicht belehrt, ihnen wird gefolgt. Das war immer so – in Wien ein schlagendes Argument. Die Kellner, vor allem die Zahlkellner, regierten über jene Wirrköpfe, die als große Maler, Dichter oder Komponisten in die Geschichte eingingen und die Beisln, Kaffeehäuser und Bars als Fluchtburgen brauchten, wenn sie der desinfizierenden Vernunft entkommen wollten. Im warmen Mief fiel ihnen eben mehr ein als im kalten Ozon frisch durchlüfteter, blitzsauberer Zimmer. Und sie wurden vom Tassenklappern, Zeitungsrascheln, Gebrabbel am Nachbartisch, Töpfescheppern und von Streitgesprächen sehr viel stärker animiert und inspiriert als von der Stille einer Studierstube.

Doch die Genies brauchten auch jemanden, der sie hier zur Ordnung rief. So jedenfalls sehen es die Ober selbst, und sie sind der Ansicht, heute sei dieses Ordnungsamt wichtiger denn je. Wer das nicht erträgt, geht in den *Demel* am Kohlmarkt oder ins *Café Sperl*, denn dort bedienen ausschließlich Damen.

»Frauen können besser verwöhnen«, sagt Herr Staub, Besitzer des *Sperl*. »Und der klassische Wiener Ober ist herrschsüchtig und arrogant. Das brauch' ich nicht.«

Anmerkung zu diesem Gebot: Solche blasphemischen Bemerkungen werden nach höherem Recht nur einem Kaffeehausbesitzer vergeben. Allen anderen droht dafür ewiges Fegefeuer.

2. Du sollst nicht analysieren

Es reicht, dass der Mann aus der Wiener Berggasse 19 als Erfinder der Psychoanalyse gilt. Und dass Karl Kraus allen, denen es zu weit ist, in sich zu gehen, ein Argument dafür geliefert hat, es nicht zu tun: »Psychoanalyse«, hat er behauptet, »ist jene Geisteskrankheit, für deren Therapie sie sich hält.« Doch bei dem unverzichtbaren Besuch in diesem Haus und der Lektüre des 18-bändigen Gesamtwerkes von Sigmund Freud sollte es der Fremde auch bewenden lassen und sich hüten vor angestrengten Analysen im übrigen Leben.

Wiener Feind- und Seilschaften zu analysieren bringt außerdem nichts als schleichenden Wahnsinn, und Wiener Vergangenheiten, Verlogenheiten und Wahrheiten zu analysieren beschert den Ausheimischen nur den Vorwurf der Überheblichkeit. Wien, wie es lebt und leidet, ist keine Stadt des Zerlegens, sondern des Verschmelzens von heterogenen Ideen, Einflüssen, Sprachen und Kulturen. Und der Melting Pot kann hier durchaus ein Kochtopf sein. Das lässt sich anhand jeder Speisekarte beweisen.

Die Frittatensuppe hat ihren Namen von den *frittate*, wie die hier nudelig geschnittenen Pfannkuchen auf Italienisch heißen, der Blumenkohl nennt sich nach dem *cavolfiore* Karfiol, die Bohnen werden den *fagioli* zu Ehren als Fisolen bezeichnet, und das wunderbare Hefegebäck, die Pafesen, so genannt, weil die Zubereitungsart *alla pavese* ist, also aus dem italienischen Pavia stammt. »Salamudschimänner« hießen

HIMMEL UND ERDE: *Vor Theophil Hansens Parlament im griechischen Stil verkündet der Athene-Brunnen Wiens Anspruch als gottgewolltes Donau-Athen. Die Statue der Kaiserin vor Theophil Hansens Museen wirkt unübersehbar irdisch.*

FOLGENDE DOPPELSEITE | DIE EHRE DER RESPEKTLOSIGKEIT: *Es spricht für Maria Theresias anerkannte Größe, dass die Wiener ihr Denkmal von Caspar Zumbusch »die G'wamperte auf dem Postament« nennen.*

die ersten Fastfood-Verkäufer Wiens, die auf dem Graben wie im Prater herumliefen, ein Samtbarett auf dem Kopf und eine Salami unter dem Arm, von der sie mit artistischer Geschicklichkeit feinste Scheiben absäbelten. Ein schönes Beispiel dafür, dass das Wienerische eine Sprache ist, die das Fremde verwurstet, angestrengt gesagt: absorbiert. Oft eben derart gründlich, dass die Wiener selbst nicht mehr wissen, was sie eigentlich von wo bezogen haben. Und sie wollen es im Allgemeinen auch gar nicht wissen.

Heute können nur wenige erklären, warum sie das Hammelfleisch als Schöpsernes bezeichnen, denn wer von ihnen kennt schon das tschechische Wort *skopec*. Die meisten Einheimischen amüsieren sich zwar, wenn Fremde die Palatschinke zum Palatschinken verfleischlichen, aber dass dieser oft auch gefüllte Pfannkuchen seinen Namen den östlichen Nachbarn verdankt, ist kaum einem bewusst; was bringt es, zu wissen, dass er bei den Rumänen *placinta*, in Ungarn *palaczinca* heißt und bei den Tschechen *palacinta*, was natürlich alles zum Mutterkuchen zurückführt. In Wien, wo der Begriff des Unbewussten geprägt wurde, birgt jeder jenes Wissen, das andere mühsam zusammenkratzen.

Sich wegen der Ideologie und Etymologie ihrer Gerichte den Kopf zu zerbrechen, überlassen die Wiener von jeher besserwisserischen Fremden, die solche Themen zum Fressen gern haben. Die Einheimischen beißen lieber in das hinein, worüber die Auswärtigen theoretisieren.

Wer in Wien anfängt zu analysieren, stößt immer auf Dinge, die ihm nicht schmecken. Man weiß eben besser nicht, was in einem Burenhäutl drin ist, und viele wären begeistert vom Aroma eines mageren, aber saftigen Bruckfleischs, hätten sie nicht vorher analysiert, dass es sich dabei um ein Haschee aus Milz, Herz, Leber, Liechteln, zu Deutsch Herzröhrchen, und Bries handelt. Ergänzt durch Kronfleisch, also jenes Stück vom Hals, das beim Schlachten zuerst angestochen wird. Und auch der Genuss eines Maria-Theresia-Kaffees ist nur ungetrübt, wenn keine Überlegungen dazu angestellt werden, wie viele Kalorien er enthält.

Kluge Reisende lassen sich Wiens Kulturgeschichte einfach auf der Zunge zergehen, wie Kaiserin Sisis Veilchensorbet aus der *K. u. K. Hofzuckerbäckerei Demel*. Oder geben es nicht zu, wenn die Lust am Analysieren mit ihnen durchgeht, sie haben ihre Erkenntnisse dann eben instinktiv gewonnen. Instinktwesen von Josefine Mutzenbacher bis zu Bambi, beide in Wien von Felix Salten erfunden, kommen hier nämlich blendend an.

3. Du sollst nicht an Traditionen kratzen

Die berühmteste Tradition Wiens ist die Küchentradition. Und das weltweit berühmteste Kulturgut der Stadt ist ein sorgsam vergoldetes Objekt namens Wiener Schnitzel. Erwägungen, dieses Gericht mit weniger Kalorien zuzubereiten, sind so gotteslästerlich wie die, den Wiener Zwiebelrostbraten ohne Zwiebeln zu braten. Entweder der Fremde akzeptiert die Traditionen Wiens, oder er reist nicht hin. Er sollte sich mit kritiklosem Wohlgefallen an der Beflissenheit

erfreuen, mit der die Wiener ihre Traditionen polieren. Schwarze Glasschilder mit goldenem Schriftzug an den Läden führen noch immer Gebr. oder Geschw., Vater & Söhne oder zumindest & Co auf. Das »Küss die Hand, gnädige Frau« hat auch die Zeit überlebt, in der es ergänzt wurde mit dem Halbsatz: »…und dem Herrn Gemahl ein fesches Heil Hitler«. Von traditionsbewussten Wienern wird das Gestrige liebevoll gepflegt und das Moderne zuerst einmal als gefährlich, unnötig, ungesund oder unschön abgelehnt.

Wer die mutigen Bauten von Hans Hollein (Haas-Haus), von Ortner & Ortner (MuseumsQuartier) oder der Gruppe Coop Himmelb(l)au sieht, zweifelt an der Richtigkeit dieser Behauptung. Wer jedoch nachliest oder hört, welche Beschimpfungen auf die Erbauer dieser Häuser zuerst einmal niederprasselten, weiß, dass sich nicht viel geändert hat seit dem Jahr 1868, als sich Eduard van der Nüll – zusammen mit Sicard von Sicardsburg war er der Architekt der Staatsoper – nach vernichtenden Kritiken umgebracht hat. Sicardsburg erlag zwei Monate später einem Herzinfarkt.

Und alle Wiener, die bestenfalls trippelnde Fortschrittchen akzeptierten, hatten immer ein großes und prominentes Vorbild als Argument für ihr Misstrauen gegenüber dem Ungewohnten parat. Zum Beispiel den Regierungschef mit der weltweit längsten Amtszeit von 68 Jahren, Kaiser Franz Joseph II., der bis an sein Lebensende im Jahr 1916 die Pferdekutsche dem Automobil vorzog.

Dass man in Wien bis heute das Tote und Verjährte ehrt, sogar hätschelt, mit dem Vitalen aber streng ins Gericht geht, ist nicht sentimental, es ist rational: Das, was vorbei ist, kann nicht mehr gefährlich werden. Einen Opernstar, der abgetreten ist, zu rühmen, einen Kabarettisten zu bewundern, der eine wandelnde Alkoholruine ist, oder einen Dichter, der seit Jahrhunderten im Grab liegt – das zeugt von historischem Bewusstsein, belebt aber nicht die Geschäfte der anderen. Im lebenden, aktiven Zustand haben es die Hochbegabten in Wien also nicht leicht.

»Bei uns«, sagte Hans Weigel, »werden nur die Mittelmäßigen anerkannt, und die Großen sind halt groß, und damit müssen sie sich begnügen.«[1]

Wer es ablehnt, Traditionen zu wienern, kann sich in dieser Stadt dennoch zu Hause fühlen, denn es hat in Wien durchaus auch Tradition, über Tradition herzuziehen. Gustav Mahler, einer der berühmtesten Wieneinwohner und Wienflüchtigen, hat behauptet, Tradition sei nichts anderes als Schlamperei. Damit hat er aus pragmatischer, unpatriotischer Sicht wohl Recht, erspart doch das Argument »das haben wir schon immer so gemacht« die Bemühung um neue Methoden. Es suggeriert uns, das Gewohnte sei gleichbedeutend mit dem Bewährten und bedürfe keiner weiteren Rechtfertigungen. Wir können es uns also bequem machen. Und wer liebt nicht klammheimlich die Bequemlichkeit? Außerdem hat Herr Mahler eins übersehen: Diese Schlamperei kann auch Charme besitzen, denn sie entbehrt jener fortschrittsgläubigen Rastlosigkeit, die einen Banker aus Frankfurt oder eine Managerin aus Berlin so sehr erschöpft, dass sie dringend einen Wien-Urlaub brauchen.

DIE LAST DER TRADITION: *Selbst steinernen Fassadenfiguren ist anzusehen, wie schwer man in Wien an der Vergangenheit zu tragen hat.*

Tradition macht langsam. Und gilt als eine durchaus probate Methode, Vorurteile, Trägheit, Sparsamkeit bis hin zum Geiz oder auch schlechte Angewohnheiten zu verklären.

Anfänger, die das *Hawelka* zum ersten Mal betreten, wundern sich vielleicht, warum die Familie ihr berühmtes Café nicht endlich einmal renoviert. Doch *Hawelka*-Kenner bezeichnen die dicke grauschwarze Schicht, die den schönen Fußboden bedeckt, als Patina, erklären die eingekratzten Namen und Erinnerungsgrüße in der Holzvertäfelung für historische Dokumente und die dringend der frischen Farbe bedürftigen Wände für den Inbegriff des Authentischen, was in einer virtuellen Welt zunehmend rar wird. Dieses Traditionsbewusstsein der Eingeweihten spart der Familie Hawelka sehr viel Geld, wird also von ihr bereitwillig gefördert.

Nicht anders sieht es im *Club Gutruf* aus, einem Etablissement bei der Peterskirche mit gerüchteumwitterter Vergangenheit, guter Lage und sehr guter Küche. Teddy Podgorski, ehemals Generalintendant des ORF und seit 15 Jahren einer der vier Inhaber dieses Lokals, gesteht mit abgeklärtem Blick auf das Siebziger-Jahre-Ambiente: »Es ist alles grauenhaft, aber es gäbe einen Aufstand, wenn wir was ändern würden.«

Dass in Wien nicht zählt, ob etwas ästhetisch, hygienisch oder stilgerecht ist, sondern ob man sich daran gewöhnt hat, ist keine gewagte Behauptung, das ist eine beweisbare Tatsache. Ein Kronzeuge dafür heißt Staub, was in diesem Sinnzusammenhang nicht nur Freudianer freut. Freddy Staub ist jener bereits als Blasphemist erwähnte Besitzer des traditionellsten Kaffeehauses in Wien, des *Sperl*. 1960 hatte er es gekauft, 1980 wurde es unter Denkmalschutz gestellt. »Da waren wir sehr dankbar«, freut sich Staub noch heute, »dass wir vorher kein Geld gehabt haben zum Herrichten.«

Ab 1983 wurde dann nach den strengen Vorgaben des Denkmalschutzamtes restauriert. Dabei wurde zum Beispiel festgestellt, dass die karamellbonbonfarbene Decke ursprünglich weiß gewesen wäre. »Also habe ich sie schneeweiß streichen lassen«, sagt Herr Staub. »Und das hat mir unglaublich gefallen. Da hab' ich auf einmal mehr Luft gehabt.«

Leider aber hatte er auch umgehend mehr Ärger. »Die Stammgäste haben mir Schmähbriefe geschrieben, wie ich so pervers sein kann.« Doch die Methode, Probleme durchs Liegenlassen zu erledigen, bewährte sich auch hier: »Drei Jahre später hat es wieder genauso ausgesehen wie vorher, weil die Decke einfach der Aschenbecher ist.«

Wer sich mit etwas so Albernem wie ökonomischen Argumenten an Traditionen vergreift, erlebt in Wien sein blaues Wunder. Da werden Lämmer zu Hyänen. Beweis: die *K. u. K. Hofzuckerbäckerei Demel*.

Als Attila Dogudan, Österreichs erfolgreichster Gastronom, Partyunternehmer und Catering-Artist, im Jahr 2002 diese Institution am Kohlmarkt übernahm und es hieß, er wolle in den heiligen Hallen eine Espressobar eröffnen, stiegen die Betriebsräte der *Demel*-Kellnerinnen, genannt Demelinerinnen, auf die Barrikaden. Sie wandten sich an den Bürgermeister, den Kulturstadtrat und andere sogenannte Verantwortungsträger. In einem offenen Brief, der überschrieben war mit dem Satz: »Wiener Tradition lässt grüßen – zum Abschied?«, fragten sie im Ton einer Mutter, deren Sohn ein Flittchen heiraten will: »Erwirbt jeder neue Besitzer des *Demel* gleichzeitig den Freibrief, das Haus so umzugestalten, wie es ihm beliebt, oder kann man von ihm auch im Sinne Österreichs eine gewisse Sensibilität und Verantwortung gegenüber einem der letzten traditionellen Betriebe erwarten? Ist der *Demel* im wirtschaftlichen Sinne wirklich nur positiv zu führen, indem man ihn ›modernisiert‹ und der schnelllebigen Zeit angleicht? Bekommt er dadurch nicht eher ein Ablaufdatum?«

Ein Aufschrei ging durch die Stadt. Dabei hatte der türkische Wiener Dogudan nur vor, die des *Demel* unwürdigen vollautomatischen Kantinen-Espressoautomaten gegen handbetriebene italienische, also originale Espressomaschinen auszutauschen.

Die Demelinerinnen, die er von der Lauterkeit seiner Absichten überzeugen konnte, wählten daraufhin die Wortführer der Rebellion ab und fügten sich sogar den übrigen Umstrukturierungsmaßnahmen des neuen Chefs, denn sie sind für ihre Langmut berühmt. Und auf die Frage, wie es zu dem Gerücht gekommen sei, er wolle einen ganzen Stall heiliger Kühe schlachten, zuckt Dogudan nur lächelnd die Schultern. »So etwas hat in Wien eben auch Tradition.«

Eines aber ist klar: Wer der Melange einen *caffè latte* vorzieht und die Bezeichnung *espresso*, zu Deutsch: Express, wörtlich nimmt, der soll doch bitte zu einer jener kulturunter-

wandernden Klitschen pilgern, wo sich Jungdynamiker mit Geld, aber ohne Zeit treffen und von untergewichtigen Möchtegernmodels bedienen lassen.

4. Du sollst nicht über Wien lästern wie ein Wiener

Nestbeschmutzer gehören zu Wien, und auch wenn man sie aus dem Nest wirft, werden sie gebraucht. Gerade sie sorgen nämlich für den Ruf Wiens als einer Stadt, in der scharf-

züngige Lästermäuler beweisen, dass süße Walzerseligkeit nicht den Mund verklebt: Sie reißen ihn weiter auf als anderswo.

Gestattet ist die Kritik an Wien jedoch nur Wienern, und auch denen wird erst offiziell verziehen, wenn sie tot sind oder den Nobelpreis gewonnen haben. »Der Wiener«, hat Hermann Bahr behauptet, »ist ein mit sich sehr unglücklicher Mensch, der den Wiener hasst, aber ohne den Wiener nicht leben kann.«

Doch Nestbeschmutzer von Anton Kuh bis Helmut Qualtinger, von Alfred Polgar bis Georg Kreisler, von Nestroy bis Bronner oder der Jelinek gehören zu den erfolgreichsten Exportartikeln Wiens. Erst wenn jemand nach dem ganzen Dreck stinkt, mit dem er beworfen wurde, hat er den richtigen Duft für die Weihehallen der europäischen Hochkultur. Darin offenbaren natürlich speziell die Deutschen unfreiwillig ihre Vorurteile gegen die Wiener: Sie mögen am liebsten solche, die von ihren eigenen Landsleuten nicht gemocht, sondern geschmäht werden, denn das muss dann ja eine positive Ausnahme, sprich Auslese sein.

Wer willig seine Sympathien an die Wiener Wienkritiker verteilt, übersieht allerdings, dass deren vermeintliche Gegner, verschrien als Spießer, selbstverständlich wissen, dass sie selber unverzichtbar sind. Was könnte einem Kabarettisten oder Pamphletisten Schlimmeres passieren, als von denen, die er schmäht, gefeiert zu werden? Die blinde Wut, mit der auf Qualtingers berüchtigten *Herrn Karl* eingedroschen wurde, sorgte erst dafür, dass diese Figur auf den Denkmalssockel gestellt wurde.

»Wien bleibt Wien – das ist wohl das Schlimmste, was man über diese Stadt sagen kann«, äußerte der Wiener Alfred Polgar. Und auch wenn sein Name ungarisch ist, war es Karl Farkas als gebürtigem Wiener gestattet, zu erklären: »Die Österreicher sind ein Volk, das voll Zuversicht auf eine große Vergangenheit blickt.« Dass auch Karl Kraus, geboren im böhmischen Giltschin, gerne seine spitze Feder dafür nutzte, den rückwärtsgewandten Wienern in die Kehrseite zu stechen, war hingegen riskant. Doch bei ihm kam es auf ein paar mordlüsterne Feinde mehr nicht an.

Fremde jedenfalls sollten ihre Wien-Kritik bestenfalls in original Wiener Zitaten kundtun und diese gewissenhaft wiedergeben. Jeder halbwegs gebildete Einheimische kennt sie nämlich auswendig. Zudem ist es beste Wiener Tradition, andere sagen zu lassen, was man selber meint, weil das Prozesskosten zu vermeiden hilft.

Karl Kraus, der nach der Devise »Verurteilen Sie selbst« schrieb, hatte die Methode, so zu zitieren, dass das indirekt Gesagte direkt ins Schwarze traf, perfektioniert. Er druckte die Artikel anderer wortgetreu ab, gab ihnen aber durch eine gekonnte Überschrift den Charakter der Realsatire. Und Qualtinger hat dieses Phänomen so beschrieben: »Im deutschen Kabarett kommt ein klasser Kerl auf die Bühne und sagt: ›Der Bundeskanzler ist ein Arschloch.‹ Im Wiener Kabarett kommt ein Arschloch auf die Bühne und sagt: ›Der Bundeskanzler ist ein klasser Kerl.‹«

Wer so Kritik üben kann an den Wienern, dem droht die Ehrenbürgerwürde. Selbstverständlich posthum.

LINKS | EIN HIMMEL VOLLER GEIGEN:
Wien setzt alles daran, die Welthauptstadt der klassischen Musik zu bleiben. Geigenbaumeister haben genügend zu tun.
RECHTS | HOLLYWOODSTAR W. A. MOZART:
Dass er der Star der Musikszene ist, zeigt auch diese Intarsie im Heiligenkreuzhof.

5. Du sollst niemals die Gemütlichkeit stören

Auf Gemütlichkeit erhebt der Wiener Anspruch, als wäre es ein Geburtsrecht, und er findet sie selbstverständlich nicht in seinem Hause. »Das Beisl ist die Heimat seiner Seele«, hat Otto Friedländer erkannt. Zur Not auch noch das Kaffeehaus oder der Heurige. Dass kritische Geister auf die Androhung von Gemütlichkeit reagieren wie ein auswärtiger Gourmet auf Burenhäutl, kann den Wienern die Freude daran nicht vermiesen. Der Begriff lässt sich zwar weder in eine andere Sprache übersetzen noch lässt er sich definieren, sicher aber ist: Wenn ein Beisl, ein Kaffeehaus oder ein Heuriger ungemütlich ist, kann es nur noch als *Call a Pizza* oder als Espressobar überleben. Gemütlichkeit ist ein Beruhigungsmittel, und es wirkt auch auf diejenigen, die seine Wirksamkeit bezweifeln.

Doch ausgerechnet in einem besonders gemütlichen Kaffeehaus, dem des Dominik Casapiccola am Mariahilfer Glacis, brach am 13. März 1848 die Revolution los. Und im Namen des 18-jährigen, frisch gekrönten Kaisers Franz Joseph II. wurden nicht nur heimische Aufständische, sondern auch ausländische Gäste hingerichtet. Er trat an die Stelle seines regierungsunfähigen Onkels, Ferdinand des Gütigen, später Gütinand der Fertige genannt, der es zu gemütlich genommen hatte mit den Revoluzzern. »Ja derfen's denn das?«, war angeblich sein einziger Kommentar.

Revoluzzer stören die Gemütlichkeit, und daher sind auch ungemütliche Methoden willkommen, um den Urzustand wiederherzustellen. Man fand es also ganz in Ordnung, dass Franz Joseph II. sicherheitshalber noch bis ins Jahr 1853 das Kriegsrecht beibehielt, um Todesurteile zügig vollstrecken zu können.

Das Heimtückische an der Gemütlichkeit: Sie umnebelt auch wache Geister und lässt sie übersehen, dass sich im Dunst aus Kaffee, Herrengulasch und Zigarettenrauch ungestört das Denunziantentum ausbreiten kann. »Die Leute betreiben die Revolution gründlich, aber gemütlich«, notierte Robert Blum, deutscher Journalist auf Wien-Besuch, im Oktober 1848. »Man geht zum Kampf wie zum Tanz.«[2] Drei Wochen später wurde er standrechtlich erschossen.

Auch der gemütliche Bürgermeister Karl Lueger war als Mogelpackung erfolgreich: Ein voluminöser Bauch, eine ebenfalls voluminöse Barttracht, ökonomischer Pragmatismus und demagogisches Talent genügten, seine freiheits- und judenfeindliche Politik zu kaschieren. Und selbst sein berühmter Satz: »Wer ein Jude ist, entscheide ich«, schreckte nur wenige auf aus der Zufriedenheit, dank Lueger mit Gas und Strom versorgt zu sein und sich in eine funktionierende Trambahn setzen zu können.

Die Nationalsozialisten wussten gekonnt, jenes Grundvertrauen des Wieners in die gemütvolle Harmlosigkeit der Beisln und Kaffeehäuser für ihre Zwecke zu nutzen. Und die Familie des jüdischen Dichters Erich Fried war nur eine von vielen, die der vertraute Ober ihres Stammcafés verpfiff. Frieds Vater, ein Speditionsunternehmer, wurde von der Gestapo ermordet. Und Fried selber wollte Wien

029

UNDURCHSICHTIG: *Die Philosophie der Fiakerkutscher ist Auswärtigen so fremd wie den Fiakerkutschern die Tatsache, dass sie nach dem Heiligen Fiacrius heißen, denn in der Pariser Rue de Saint Fiacre wurde 1662 das erste Büro für Lohnkutschenvermietung eröffnet.*
FOLGENDE DOPPELSEITE | GUT ERZOGEN: *Gäste im legendären Café Landtmann, direkt beim Burgtheater gelegen, wissen, was sich gehört. Andernfalls erfahren sie es vom Herrn Ober.*

später eigensinnigerweise einfach nicht mehr gemütlich finden.

Doch all das berechtigt keinen Zugereisten, den Wienern ihre Gemütlichkeit zu vermiesen. Jeder Wirt sieht seine ehrwürdigste Pflicht darin, jedem Gast diesen Dunstkreis friedlicher Passivität zu erhalten, der ihn wie eine Käseglocke umgibt. Wenn im *Café Central* oder im Herrenhof Karl Adler über Karl Kraus herzog und Karl Kraus über alle, die er in jungen Jahren noch bewundert hatte, und Anton Kuh wiederum über Karl Kraus, dann waren solche Schmähreden auch nur erlaubt, weil ihre Ironie sich auf so hoher Ebene abspielte, dass die normalen Besucher nicht mitbekamen, wie viel Gift dort droben verspritzt wurde.

Verbale Dolchstöße waren und sind im Kaffeehaus erlaubt, verbale Prügeleien jedoch untersagt. Und wer nun behauptet, Dolchstöße seien nicht gemütlich, der hat das Ganze noch immer nicht verstanden.

Die Gemütlichkeit der Beisln, Bars und Kaffeehäuser wird in Wien natürlich auch deswegen geschätzt, weil gerade dort, wo vieles marode ist, weder frisch noch stramm noch gesund, prächtige Begabungen, Ideen und Visionen gedeihen. Im Beisl *Zum Heiligen Florian*, einer verrauchten Bierschenke in der Leopoldstadt, wurde Johann Strauß der Ältere groß. Sein Vater, ein halbjüdischer, zum Gastwirt aufgestiegener Kellner namens Franz Borgias Strauß, verköstigte in dieser von Tabaksqualm und dem Geruch feuchter, verschwitzter Kleider erfüllten Billigkneipe, im Volksmund Judenwirtshaus genannt, vor allem die Flößer, denn sie lag nahe am Donauufer. Und die Bratlgeiger, die für ein paar Bratenreste musizierten, wurden in diesem Beisl die Idole des kleinen Johann: Nicht Buchbinder, wie es sein Vater vorsah, sondern Geiger wollte er werden. Leider ertränkte sich Franz Borgias, verwitwet und hoch verschuldet, in der angeblich schönen blauen Donau, bevor die große Karriere seines Sohns begann. Gewachsen war sie auf dem Nährboden seines erbärmlichen Beisls.

»Guter Sex muss schmutzig sein«, hat Woody Allen behauptet. Und jene Gemütlichkeit, die in Wien von den Künstlern geliebt wurde und wird, in gewisser Hinsicht auch. Die Perfektion des heute so makellos eleganten *Café Central*, des edel renovierten *Café Schwarzenberg* oder des stil-

voll rekonstruierten *Café Griensteidl* begeistert Wien-Besucher, weil es ihnen besser gefällt, sich die Heroen der Kultur in diesen geordneten Verhältnissen vorzustellen als in verrauchten Kaschemmen. Doch: Perfektion ist ein Herbizid gegen das Unkraut der Phantasie. Und so ist es verständlich, dass Herr Hrdlicka lieber im *Hawelka* seinen Wodka trinkt, Manfred Deix um drei Uhr nachmittags in der *Gösser Bierklinik* frühstückt oder Thomas Bernhard es nur dort aushielt, wo es nicht so aussah, als könne man dort vom Boden essen. Danach verspürt ja nicht jeder ein Bedürfnis.

»Das typische Wiener Kaffeehaus, das in der ganzen Welt berühmt ist, habe ich immer gehasst, weil alles in Wien gegen mich ist«, hat Bernhard erklärt. »Andererseits fühlte ich mich jahrzehntelang gerade im *Bräunerhof*, das immer ganz gegen mich gewesen ist *(wie das Hawelka)* wie zu Hause. Wie im *Café Museum*, wie in anderen Kaffeehäusern von Wien.« In denen eben, die nicht den touristenfreundlichen Säuberungsaktionen zum Opfer gefallen sind.

Jetzt, wo das einst heruntergekommene *Museum* aussieht, als werbe es für Restaurierungs- und Reinigungsunternehmen, miede Bernhard es wohl. Es ist zwar beruhigend, dass die Zeit über alles zu Tode Gereinigte Patina legt, da der Mensch nun einmal schmutzt. Doch es gibt Gastronomen, die keine Gnade kennen mit den Mikroben der Nachlässigkeit; in ihren Etablissements wird der Kaffee schneller getrunken, die Torte schneller gegessen, die Zeitung schneller gelesen.

Wer das Gebot der Gemütlichkeit ernst nimmt, landet heute möglicherweise im *Café Zartl*, das unter den Wiener Kaffeehäusern das Wettrennen um die Langsamkeit gewinnen könnte. Nicht etwa der Kellner bewegt sich dort langsam, sondern die Zeit. Und das wirkt auf das Gemüt so wohltuend wie die Torten im *Café Landtmann*, die jedes antidepressive Medikament ersetzen.

6. Du sollst nicht konsequent sein

Dass in jedem Beisl wie in jedem Gourmetlokal das Filet von der Rinderlende Lungenbraten heißt und das Lungenhaschee Beuschel, ist für viele Gäste unverständlich und oft irritierend. Noch schlimmer ist es in Beisln und Speziali-

tätenrestaurants, die sich ganz der Rindfleischkultur verschrieben haben: Was bitte ist ein Hüferschwanzel, ein Kruspelspitz und ein Kavaliersspitz, was eine Niedere Ried und eine Beiried, ein weißes Scherzel, ein schwarzes Scherzel und ein Schulterscherzel? Geht der Fremde, nachdem er in seiner Verzweiflung eine Rindszunge gegessen hat, aus dem Lokal in die nächstgelegene Metzgerei, heißt dort alles wieder ganz anders: Der Fleischhauer redet von Schale, Kugel, Hüfel oder Zapfen. Vertieft sich der ratlose Gast dann in die schematische Darstellung des österreichischen Rinds, wird sein Geist leider nicht rindssuppenklar, denn er muss sich fragen, wozu es zwei Begriffe gibt für zwei Fleischteile, die maximal zehn Zentimeter auseinander liegen – und zwar auf dem Originalrind, nicht auf dem Plan –, wie der Tafelspitz und das schwarze Scherzel. Für ein Rind doch eine lächerlich kleine Entfernung. Aber solche Inkonsequenz ist eben gerade für Wien kennzeichnend.

Die Wiener geben diesen Tatbestand bereitwillig zu. Strenge Folgerichtigkeit überlassen sie den Piefkes, wie deutsche Touristen genannt werden, wenn sie sich penetrant ordentlich benehmen. Der Wiener findet mühelos Argumente, die alle Gesetze der Logik aus den Angeln heben. Wer kein Geld hat, sitzt zum Beispiel von morgens bis nachts im Kaffeehaus, er könne es sich nämlich nicht leisten, sagt er, zweimal am Tag auszugehen wie reiche Leute. »Im Haus schmeckt einem der beste Trunk nicht«, erklärt Knieriem in Nestroys *Lumpazivagabundus*; »im Wirtshaus muss man sein, das ist der Genuss, da ist das schlechteste G'säuf ein Hautgoût« – wobei Hautgoût in dem Fall Hochgenuss meint.

Doch während diese ökonomische Inkonsequenz die Fremden nicht behelligt, macht ihnen die sprachliche in den Beisln, Bars, Kaffeehäusern und auch den feinen Restaurants zu schaffen. Da hat der willige Adept gelernt, dass man keinen Milchkaffee bestellt, sondern eine Melange, und blickt dann fassungslos auf das, was ihm im Wirtshaus bei der Bestellung einer Wiener Melange aufgetischt wird: drei Sorten Rindfleisch.

Es ist auch in keiner Weise logisch, dass jeder Wiener zusammenzuckt, wenn ein Fremder sagt, er liebe *das Demel*. Nur für einen Geringschätzer ist *Demel* etwas Sächliches, sprich Nebensächliches; für die Verehrer ist es *der Demel*, so wie sie auch in *den Frauenhuber* gehen oder in *den Sperl*. Doch solche Unregelmäßigkeiten sind nur Backerbsen.

Die Inkonsequenz der Wiener kennt keine Grenzen. Und so haben besonders inkonsequente Kaffeehausbesucher besondere Bedeutung und Bewunderung genossen. Zum Beispiel Ernst Polak, im Hauptberuf Bankbeamter bei der Länderbank, im Nebenberuf ein Literaturkenner. Er selbst hätte diese Tätigkeiten wohl umgekehrt gewertet. Sicher ist, dass Polaks Belesenheit sich umgekehrt proportional zu seiner Körpergröße verhielt, dass er mit weichem Blick harte Urteile fällte und dass er als Kaiser der Inkonsequenz galt. Jeden Nachmittag tauchte der schmächtige Mann, wie Friedrich Torberg berichtet, in der Polak-Loge, seinem Stammtisch im *Herrenhof*, auf, um zu verkünden, er

LINKS | MITMENSCHLICH: *Zur Bedienung entwickelt der Gast tunlichst ein persönliches Verhältnis. Damit er auch ohne Konsum daran arbeiten, sprich sitzen bleiben kann, bekommt er sein kostenloses Glas Wasser zum entwässernden Kaffee.*

sei nur ausnahmsweise hier gelandet und werde auch sofort wieder losziehen, weil er es sich nicht leisten könne, seine Zeit zu vertrödeln. Doch wenn dann Oberkellner Albert mit einem »Was – scho?« Polaks Aufbruch kommentierte, dann hatte die letzte Sperrstunde geschlagen. Dass jener Polak trotz Minderwuchses ein Frauenheld war, dem von Kafkas sinnlicher Brieffreundin Milena bis zur mondänen Delphine Reynolds jede, die er wollte, verfiel und dem sie, sitzen gelassen, noch nachtrauerte, spricht für sich. Und dass ihn Stammtischnachbarn, die Polak seiner Verführungskunst wegen mit Neid und Gerüchten bedachten, dann literarisch verewigten, spricht für die Bannkraft der Inkonsequenz. Sie allein gibt die Regeln vor, an die sich auch Chaoten halten.

Gustav Grüner, Stammgast im *Central* und in den beiden zerstörten Institutionen *Parsifal* und *Herrenhof*, erließ das Gesetz: »Ein anständiger Stammgast stellt beim Verlassen des Kaffeehauses seinen Sessel selbst auf den Tisch.«[3] Wenn der Gast so inkonsequent ist, allen besseren Vorsätzen zum Trotz bis zum Schluss in seinem Stammlokal auszuhalten, ist die Konsequenz, dass er dem ihn regierenden Ober die niedrigen Dienste in Vorbereitung auf den Putztrupp abnimmt.

Das alles mag sich unübersichtlich anhören, aber Wien ist nun einmal unübersichtlich. Und zwar bekennend. So stand zum Beispiel ein Jahr, nachdem die Wahl von Kurt Waldheim zum österreichischen Bundespräsidenten sensible Geister ob dessen brauner Einfärbung hatte schamrot werden lassen, in einer Wien-Werbung zu lesen: »Wien ist, wenn man nichts begreift, aber alles versteht.«

7. Du sollst die Kunst der Anrede achten

»Wenn einer gar nichts ist, sagen wir Herr Baron zu ihm«, sagte einst das Wiener Personal. Und wer darüber lacht, hat wieder einmal nichts verstanden. Ein Mensch mit Feingefühl witzelt nicht über die Titelsucht der Österreicher im Allgemeinen und der Wiener im Besonderen. Schließlich ist an dieser Sucht ein kollektives Schreckerlebnis schuld: 1918 schrumpfte Österreich von einem kaiserlichen Reich mit 52 Millionen Untertanen zu einem republikanischen Nichtmehr-Reich mit sechs Millionen Einwohnern. Was dazu führte, dass vieles, was bis dahin gepasst hatte, auf einmal zu groß war.

Wien als Hauptstadt war ebenso zu groß für das Land wie der Anspruch auf internationale Wichtigkeit. Warum also, fragten sich die Hüter der letzten Werte, mussten dann auch noch Wiener Politiker wie Karl Renner, Staatskanzler der I. Republik von 1918 bis 1920, versuchen, diejenigen zu stutzen, deren Größe unantastbar schien? Nachdem der Erste Weltkrieg den Adligen ohnehin Körperteile, Familienmitglieder und Besitz geraubt hatte, wurde ihnen nun auch noch das Prädikat genommen.

Die meisten wahrten die aristokratische Würde und gingen zu doppelter Buchführung über, bis heute eine beliebte Methode: Sie ließen sich zweierlei Visitenkarten

WAS DIE BLICKE ANZIEHT: *Manche finden die nackten Schönheiten an den Fassaden wie hier am Michaelerplatz aufregender als die zahlreichen Herrscher auf Sockel und Pferd wie rechts Kaiser Joseph II. auf dem Josephsplatz.*

drucken. Auf den offiziellen Karten führten sie nur ihren Namen, auf den inoffiziellen auch ihre Adelstitel auf.

Graf Adalbert Sternberg allerdings fand diese Lösung wohl zu defensiv. Er ließ ostentativ unter seinen Namen drucken: »geadelt von Karl dem Großen, entadelt von Karl Renner«. Das erntet heute zwar von Ausländern Spott, von Wienern aber durchaus Verständnis, sogar Bewunderung. Wer mit Titeln hantieren kann, hat auch ein Händchen für heiklere Angelegenheiten.

Die Ehefrau eines »Wirklichen Hofrats«, deren Nachbarin mit einem gemeinen Hofrat verheiratet ist, erzwingt sich ihr Vorrecht, indem sie die Rangniedrigere vorpreschend mit »Guten Tag, Frau Hofrat« begrüßt, worauf selbstredend der Retourgruß an die »Frau Wirklicher Hofrat« fällig wird.

In den letzten Jahrzehnten hat sich das freilich geändert, weil auch alleinstehende Damen einen Titel führen. Doch damit haben die Wiener umzugehen gelernt. Der Tonfall, in dem man eine Frau Doktor oder Frau Magister anspricht – dieser Titel wird in Österreich geführt, nicht wie in Deutschland in die Schublade gelegt –, bietet zahlreiche Nuancen. Nirgendwo wird die hohe Kunst, die Titulierung als eine mit Demut getarnte Waffe zu benutzen, so gepflegt wie in Wien.

Von Alfons Buchsbaum, einem kurzgeratenen Mann, der sich zur Verhüllung seines Bauchs die Anzüge von Knize leistete, wusste jeder, dass er sehr viel Geld hatte, aber keiner wusste woher. Er nutzte es jedenfalls, um in jene Kreise vorzudringen, die nicht seine waren: in Künstlerkreise. Bei Franz Léhar hatte er sich mit regelmäßigen, diskret verpackten Zigarrensendungen das Recht erkauft, »Servus, Franzl« zu sagen, sonst aber nichts.

Buchsbaum wurde im *Café Herrenhof* von Anton Kuh, der ihn nicht ausstehen konnte, hartnäckig begrüßt als »Herr Sektionsrat«. Sektionsräte waren wie alle hohen Staatsbeamten in Kaffeehäusern, wo die Künstler hausten, unerwünscht. »Herr Kuh«, protestierte Buchsbaum dann zuverlässig, »ich habe Sie schon oft gebeten, mich nicht Sektionsrat zu nennen!« Darauf Kuh: »Wie denn sonst? Kein Mensch weiß, was Sie arbeiten. Ich kann Sie nur Sektionsrat nennen, Sie Trottel!« Woraufhin Buchsbaum sich zuerst erregte, dann beruhigte und erklärte: »Trottel ist mir immer noch lieber als Sektionsrat.«[4]

Das muss dem heutigen Wienbesucher masochistisch vorkommen – schließlich war der Herr von Masoch ein Wiener –, er ahnt ja nichts mehr von dem, was damals in einem Wien der Wirklichen und Geheimen Hofräte, der Kommerzialräte, Edlen, Barone, Grafen und Fürsten zählte. Friedrich Torberg, einer der letzten Kronzeugen, erklärt mit zwei Sätzen das Verhalten des Herrn Buchsbaum, der unbedingt dazugehören wollte. »Das ausgestorbene Wiener Literatencafé – nicht zu verwechseln mit dem nach wie vor lebendigen Wiener Kaffeehaus – bezog seine unverwechselbare Eigenart zum Großteil daher, dass seine Insassen nichts anderes zu sein begehrten als eben dies: Insassen eines Literatencafés. Das war ihr Adel, ihre Arriviertheit, ihre Arroganz.«[5]

Heute, wo dieser Verdienstadel nicht mehr verdient werden kann, weil die Literaten um sich selber kreisen, anstatt Zirkel in Literatencafés zu bilden, sollte der Fremde Nachsicht haben mit all jenen, die den Klang ihres Namens nach einem »Frau Kommerzialrat« oder »Herr Magister« eindrucksvoller finden. Wer das Größenverhältnis der Hauptstadt Wien zum heutigen Österreich kennt, betrachtet solche Etikette- und Etiketten-Kultur einfach als Selbsttherapie. Sparsam und lobenswert.

Eine Warnung aber sei dem Gebot angefügt: Egal, wie oft ein Gast in einem Kaffeehaus oder Beisl aufkreuzt, als Stammgast kann er selbst sich nicht bezeichnen. »Zum Stammgast wird man vom Kellner ernannt«, hat Otto Friedländer erklärt.[6]

Und heute, wo keiner mehr zum Ritter geschlagen, wo keinem mehr vom Kaiser ein Adelsprädikat verliehen werden kann, ahnen wir, welche schicksalhafte Bedeutung dieser Aufgabe zukommt.

Café Bräunerhof, Stallburggasse 2, 1010 Wien, Tel. 5 12 38 93
Öffnungszeiten: Montag bis Freitag 7.30–21 Uhr, Samstag bis 19 Uhr, Sonntag 10–19 Uhr geöffnet. Am Wochenende gibt es von 15 bis 18 Uhr Live-Musik.
Der Grund hinzugehen: Dass garantiert nichts schön ist, abgesehen von den dicklackierten Handtaschenablagebrettln in der Damentoilette, aber man will trotzdem am liebsten hier überwintern.

Café Central siehe dort.

Café Griensteidl, Michaelerplatz 2, 1010 Wien
Tel. 01/5 35 26 92, Fax 01/5 35 26 92 14,
Öffnungszeiten: täglich 8–23.30 Uhr
Der Grund hinzugehen: Auch wenn vom alten Griensteidl, dessen Zerstörung in *Die demolirte Literatur* von Karl Kraus einging, nichts mehr erhalten ist, hat dieser Ort es verdient, dass Literaturkenner hier der Erinnerung an die Vergangenheit einen mentalen Kranz niederlegen.

Gösser Bierklinik, Steindlgasse 4, 1010 Wien
Tel. 01/5 33 75 98 12, Fax 01/5 33 75 98 72
www.goesser-bierklinik.at
E-Mail: info@goesser-bierklinik.at
Öffnungszeiten: täglich 10–23.30 Uhr, sonn- und feiertags geschlossen
Der Grund hinzugehen: Das Essen ist besser als in allen anderen Kliniken der Stadt, und wer dort frühstückt, hat sehr oft eine Nacht hinter sich, von der es sich zu reden lohnt.

Café Zartl, Rasumofskygasse 7, 1030 Wien
Tel. 01/71 25 60. Keine E-Mail, keine Website
Öffnungszeiten: täglich 8–24 Uhr
Der Grund hinzugehen: Das Zartl hat keine E-Mail und keine Website, und das ist kein Zufall, sondern symbolisch. Hier verlangsamt jeder Hektiker ganz von alleine seine Existenz.

EIN PALAST FÜR GELD UND GENUSS: *Heinrich Ferstel erbaute das Palais an der Freyung mit Basarhof und Brunnenhof für die Österreichisch-Ungarische Bank, berühmt wurde es durch das Café Central.*

Café Central

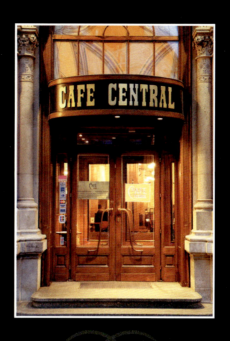

Café Central oder
Die Kultur des Schnorrens

»ZUFLUCHT DER IMPOTENTEN LUMPEN«:
*So nannte Bertold Viertel das Central und
meinte damit sicher auch Stammgast Peter Altenberg.
Heute ist es Zuflucht zahlungspotenter Reisender.*

Sein Platz ist ungemütlich. Der Mann sitzt direkt neben dem Eingang, dort, wo es im Winter kalt ist, im Herbst zieht und im Sommer staubt. Allein sitzt er dort, und es gibt neben ihm auch gar keine weitere Sitzgelegenheit. Er hätte sich diesen Platz niemals selbst ausgesucht, auch wenn er dort die meiste Beachtung findet, denn jeder, der zur Tür hereinkommt, muss ihn zumindest registrieren. Manche fassen ihm auf die Glatze, manche fingern an seinem Walross-Schnurrbart herum, jener Barttracht, mit der Melancholiker jene Wahrheiten zu verbergen suchen, die ihre Oberlippe verriete. Es heißt, diesen schweren Schnurrbart trügen oft Männer, die ihre sexuelle Identität noch nicht gefunden haben und nicht zuzugeben wagen, was sie eigentlich begehren. Was den Mann angeht, der neben der Tür des *Central* sitzt, trifft diese Theorie zu.

Heute säße jener Richard Engländer, der sich Peter Altenberg nannte, wohl öfter in Untersuchungshaft als im Café, denn es gäbe den Ordnungshütern zu denken, dass er mit sehr jungen, oft minderjährigen Mädchen lange Spaziergänge unternimmt, dass er sie auch mal entführt in seine sogenannte Wohnung, ein Zimmer in einem Hotel, das eigentlich die Absteige von Prostituierten ist. Und dass Fotos allzu junger Frauen mit Milchfleisch und Unschuldsblick die Wände dieses Zimmers bedecken, Fotos kleiner Mädchen, deren dünne nackte Beine aus weißer Unterwäsche ragen oder die nackt und halb geniert, halb siegessicher mit ihrem forellenglatten Körper posieren.

Doch die Moralisten von heute können Peter Altenberg nichts mehr anhaben. Die Fotosammlung ist zwar noch als Beweismaterial verfügbar im Historischen Museum der Stadt Wien, wo seine Behausung wieder aufgebaut worden ist, der Mann, der am Eingang des *Café Central* sitzt, ist aber aus lackiertem Pappmaché. Und das Vorbild ist seit 1919 tot. Ende 1909 ist die lebende Legende Altenberg noch unterwegs. Weite Wege allerdings versucht der Fünfzigjährige zu vermeiden, denn sein Körper ist längst eine Ruine. Und wo ihn der kurze tägliche Weg hinführt, ist allgemein bekannt: vom Grabenhotel in die Herrengasse.

Es ist einer der vielen Tage, an denen Altenberg das Wetter gleichgültig ist, denn dort, wo er lebt, diskutiert, Kontakte knüpft und arbeitet, gibt es kein Wetter. Sein Arbeitsplatz und seine, auch in Kürschners Literaturkalender verzeichnete, Post-Adresse befinden sich im *Café Central*. Und zwar nicht an einem ungemütlichen Tisch am Eingang, sondern im zum Café gehörenden Arkadenhof zwischen den Häusern. In dem Hof mit mächtigem Brunnen und Oberlicht, hell, hoch überwölbt und deshalb trotz der Kettenraucher niemals stickig, wo leise die Billardkugeln klicken, während Altenberg an seinem Tisch sitzt und kurze Texte auf Quartpapier kritzelt. Keine Romane, keine philosophischen Essays, sondern Skizzen aus dem alltäglichen Leben, Hymnen auf Droschkenkutscher und Prostituierte, Beschwörungen der gleißenden Unschuld von 14-jährigen Mädchen und stillen Landschaften.

RECHTS | FALSCHE PRACHT ODER WAHRE KULTUR?: *Nur Lästermäuler behaupten, das Central erinnere an einen russischen Bahnhof. Wahr ist, dass hier dauernd etwas abgeht.*
FOLGENDE DOPPELSEITE | HELDEN UND ANTIHELDEN: *Nach den Soldaten, die 1809 in der Schlacht bei Aspern gegen Napoleon starben, heißt dieser Platz. Geschaffen hat ihn Napoleon, der beim Abzug aus Wien einen Teil der Burgbastei sprengte, entehrt hat ihn Hitler, neu mit Widerspruchsgeist erfüllt Thomas Bernhard.*

Vierunddreißig war er gewesen und das, was geordnete Menschen einen Versager nennen, als Arthur Schnitzler, Hugo von Hofmannsthal, Hermann Bahr, Felix Salten und Richard Beer-Hofmann entdeckten, was der käsige Kauz vor sich hin schrieb. Vielleicht wollten sie, aus einer Laune heraus, einen Typen finden, ja erfinden, der ihren eigenen Ansprüchen nicht in die Quere kam, mehr Hofnarr als Kollege. Ein pittoreskes Original, das die Szene schmückte. Natürlich ahnten sie wohl kaum, welchen Kultstatus dieser Narr mit seinen tränenfeuchten, mal begehrlichen, mal bosheitsfunkelnden Miniaturen gewinnen sollte. Sicher ist nur, dass es höchste Zeit war, diesen Mann zu fördern, denn sein kurz gefasster Lebenslauf war bis dahin ein Protokoll des Kränkelns und des Scheiterns.

Die Reifeprüfung hatte er zwar im zweiten Anlauf bestanden, das Jurastudium aber ebenso abgebrochen wie das Medizinstudium und die Buchhändlerlehre. Der Ehrgeiz seines Vaters, des geistig brillanten jüdischen Kaufmanns Moritz Engländer, war ins Leere gelaufen. Und statt irgendeines Abschlusses konnte sein Sohn mit 24 nur ein Attest vorweisen, das der Vater ihm als Entschuldigung für die Erfolglosigkeit verschafft hatte: Er sei unfähig, einen Beruf auszuüben wegen einer »Überempfindlichkeit des Nervensystems«. Seine Unfähigkeit zu lernen, erklärt Altenberg zufrieden, sei pathologisch. Doch das stört seine Entdecker nicht. »Alle zusammen haben mich gemacht«, sagt er. »Und was bin ich geworden? Ein Schnorrer.«[7] Allerdings einer der berühmtesten in Wien, und die Konkurrenz ist beachtlich.

Seit sein Vater 1905 Konkurs angemeldet hat, ist es für ihn überlebensnotwendig, nicht nur ein schnorrender Künstler, vielmehr als Schnorrer ein Künstler zu sein. Und Altenberg schafft es, sich von mehreren vermögenden Kauf- und Bankleuten wie dem Herrn von Lieben wöchentliche Renten zu sichern, deren regelmäßigen Eingang er mit Nachdruck fordert. Schließlich ist er seit Jahren eine Kultfigur. Selbst Hugo von Hofmannsthal gibt seine vornehme Zurückhaltung auf, wenn es darum geht, Altenberg Einkünfte zu verschaffen.

»Von Altenberg«, schreibt er an seinen Verleger Samuel Fischer in Frankfurt, dem er auch Manuskripte von Altenberg geschickt hat, »erhielt ich unlängst einen lebhaften Dankesbrief, in welchem er seine ›näheren Freunde‹ beschuldigt, ihn verhungern zu lassen. Da er ein sehr unsicherer Herr ist und gar anderen erzählt, ich ließe ihn verhungern, so bitte ich Sie, schreiben Sie mir gelegentlich, wie viel Sie ihm monatlich schicken, damit ich vor mir selbst darüber ruhig bin. Ich weise Ihnen dieser Tage abermals 360 Kronen an.«[8]

Nur wenige lästern, dieser Altenberg werde überschätzt, die meisten beten ihn an wie einen Diogenes. Einen, der tiefer denkt als die anderen, den zu erkennen ein Verdienst ist und dessen Seele unter allen Umständen beschützt werden muss.

Arnold Schönberg, Anton von Webern und Alban Berg vertonen Texte, die er auf Ansichtskarten geschrieben hat, Adolf Loos, in seinen niemals abbezahlten Maßanzügen

von *Knize* der eleganteste Architekt Wiens, sammelt für ihn Geld, Karl Kraus, gegen dessen vernichtende Kritik kaum einer gefeit ist, feiert Altenberg und pumpt ihm wie fast jeder Geld, damit er die Zeche im *Central* bezahlen kann und zwischendrin den Arzt, die Medikamente oder den Aufenthalt in einem Sanatorium.

Als Kraus einmal erklärt, er habe leider die zehn Kronen nicht, die Altenberg von ihm abkassieren will, erklärt der Meisterschnorrer großzügig: »Ich borg es dir.« Schließlich trägt er jeden Groschen, den er nicht braucht, auf die Sparkasse. Und bei den Kollekten, zu denen seine Freunde immer wieder aufrufen, kommt einiges zusammen.

Keiner stößt sich daran, dass der Bankrotteur sich als Feinschmecker aufführt, am liebsten Champagner trinkt, nur das feinste Filet isst, nur den besten Spargel goutiert und sich über Hausfrauen entrüstet, die einen Gorgonzola nicht von einem Roquefort unterscheiden können. Keiner denkt daran, ihn aufmerksam zu machen auf seine Widersprüchlichkeit: Er behauptet, Alkohol zu hassen, und säuft sich frühmorgens, wenn er ins Bett fällt, mit Bier oder Sliwowitz einen Rausch an, um schlafen zu können. Keiner verfiele auf die Idee, ihn verlogen zu nennen, obwohl er ständig lügt, keiner beschimpfte ihn als undankbar, obwohl sogar ein junges Mädchen wie die Hamburgerin Helga Malmberg, die alles für ihn tut, ihn pflegt, tröstet, versorgt, bemuttert und bewundert, kommentarlos von ihm ausrangiert wird, wenn sich an seinem Stammtisch eine neue aufregende Schönheit zeigt. Niemand diskutiert über seine sexuelle Eigenart, obwohl jeder weiß, dass er, der weibliche Wesen vergöttert und zugleich Bemerkungen voller Frauenverachtung absondert, der die Erotik überschlanker Beine und den Sex-Appeal hechtgrauer Augen preist, dennoch mit keiner Frau ein körperliches Verhältnis hat.

»Ich finde«, rechtfertigt sich Altenberg, »die sexuelle Bedürfnislosigkeit junger Mädchen ästhetischer als die dem Geschlecht entgegenächzende reife Frau.«[9] Altenberg wird mit all seinen Marotten und Ausreden, seinen Schwächen, Unappetitlichkeiten und Spleens akzeptiert wie ein Naturereignis. Und alle eifern darum, ihre Bewunderung für ihn mit erlesenen Worten zu bekunden.

Adolf Loos hat beschlossen, den angebeteten Schnorrer auch bildlich verewigen zu lassen. Er weiß zwar, dass Altenberg sich weigert, einem Maler zu sitzen, aber das ignoriert er. Naturereignisse dulden kein Einspruchsrecht.

STRUKTUR UND CHAOS: *Festliche Architektur, perfektes Personal, verrückte Gäste. »Das Central stellt eine Art Organisation der Desorganisation dar«, behauptete Stammgast Alfred Polgar.*

Bezahlen kann Altenberg das Konterfei selbstverständlich nicht, und auch Loos kann es nur mit dem honorieren, was er anderswo ausleiht.

Doch den Maler, gerade erst 23, den er ins *Café Central* schleppt, kriegt er günstig: Der hat im letzten Jahr seinen ersten Skandal hinter sich gebracht. »Ansunsten ist Kokoschka der Krach der Kunstschau«, hat Fritz Waerndorfer, Direktor der Wiener Werkstätten, an einen Freund geschrieben.[10] Trotzdem hat er wie auch Adolf Loos einiges von dem Provokateur gekauft. Und Kokoschka provoziert sogar Freunde und Förderer wie Gustav Klimt, der schließlich seufzte: »Lasst den Kerl von der Presse in der Luft zerreißen, wenn er es so wünscht.«[11]

Kokoschka ahnt bereits, dass ihn hier, im Café, kaum einer wird leiden können. Sein Blick ist düster, die Mundlinie bitter, sein schweres Kinn wirkt herausfordernd. Doch willig betritt er an diesem Tag hinter Loos, der ihm sein Malzeug schleppt, das *Central*. Porträts solle er malen, hat Loos ihm geraten, damit sei immerhin Aufsehen zu erregen. Er verspricht, Kokoschka Auftraggeber zu verschaffen. Zuerst aber muss der an nicht zahlenden Modellen üben. An Altenberg, zum Beispiel.

Die Attacken aus der Presse haben den Maler keineswegs entmutigt; er bleibt sich und seinem Stil treu und weiß durchaus, wo seine Stärken liegen: Er verfüge, erklärt er, über die »Fähigkeit des blitzschnellen Festhaltens« und die Kunst, eine »in der Konvention verschlossene Persönlichkeit wie mit dem Büchsenöffner ans Licht zu bringen«.[12]

Den Büchsenöffner braucht er hier nicht, denn schon allein Altenbergs Kleidung hat mit Konvention so wenig zu tun wie seine Texte: Ein großscheckiges Hemd, darüber eine lange Strickjacke, um die er einen Gürtel trägt, um den Hals geknotet ein Stoffstreifen, den nur seine Verehrer als Schal bezeichnen würden, und Sandalen, in denen er jetzt während der kalten Jahreszeit dicke Socken trägt. Doch seine Schnelligkeit braucht Kokoschka umso mehr, als Altenberg aus seiner Lustlosigkeit keinen Hehl macht. Aber eines beherrscht der junge Porträtist bereits: denjenigen, den er malt, vergessen zu lassen, dass überhaupt ein Maler anwesend ist. Zudem: Altenberg kennt Kokoschka und lässt sich von dessen Begeisterung gerne in eine Hochstimmung hinauftragen.

Schon einige Male hat der Maler paralysiert beobachtet, »wie aufgeregt seine fetten weißen Händchen im prismatischen Ampellicht der Kaffeehausecke die Huris Arabiens,

RECHTS | DIE HERRSCHER IM KAFFEE-
HAUS: *Nicht die Königlichen Hoheiten in Öl, sondern die Literaten von Peter Altenberg bis Alfred Polgar, von Karl Kraus bis Anton Kuh, von Hugo von Hofmannsthal bis Franz Werfel hatten im Café Central das Sagen.*

die Geishas Japans und die Favoritinnen aus Tausendundeiner Nacht in der Öde einer Wiener Winternacht vor aller Augen zauberten!«[13]

Nicht immer jedoch gehen die Freunde schonend um mit Altenberg. Zuweilen überfällt sie die Grausamkeit, mit der eine Katze eine Maus quält oder ein Kind die Katze. Kokoschka hatte vor, ihn zu porträtieren, wie er ihn zu sehen gewohnt war. »Altenberg hat wie ein Seehund ausgesehen, vielmehr wie ein eben zur Welt gebrachtes, ins Weltmeer gesetztes Junges, so verwundert schaute er drein.«[14] Doch an dem Tag ist nichts zu sehen von diesem kindlichen Staunen. Vor Kokoschka sitzt ein Schnorrer, der den Tränen nahe ist, weil die Freunde wieder einmal beschlossen haben, Altenberg mit einer bewährten Methode aus der Fassung zu bringen. Sie überreden einfach den Herrn von Lieben, die übliche Rentenzahlung spaßeshalber zu verweigern.

»Ihr dürft den Peter nicht reizen«, versucht Kokoschka das Spiel zu beenden. »Er hat euch doch nichts getan!« Sie lassen sich nicht abbringen. Schließlich fleht Kokoschka: »Es tut ihm weh und mir auch.«

Karl Kraus verschlingt am Nachbartisch sein Essen und bekommt nichts mit von allem. Wütend springt der Maler auf, hält eine flammende Verteidigungsrede auf den großen Schnorrer. Und Altenberg bedankt sich mit einer grandiosen, einzigartigen Geste: Er bestellt für seinen Porträtisten Würstel mit Senf und eine volle Schachtel Zigaretten. »Das«, stellt Kokoschka fest, »hatte man von Altenberg noch nie erlebt, seine Sparsamkeit so zu überwinden, und der Abend endete in aufgeräumter Heiterkeit und Liebe.«[15]

Dennoch wird der Maler nicht vergessen, wie sehr er an diesem Tag Altenberg als geschundene Kreatur empfunden hat. Lange Zeit danach, als Kokoschka in Neapel in dem großen Aquarium sieht, wie Besucher, die für zehn Lire einen Glasstab bekommen haben, den in einem großen Wasserbehälter schlafenden Polypen aus der Ruhe stören, erinnert ihn das »an Altenberg in einem seiner provozierten Ausbrüche. Das Tiefseetier begann mit seinen tausend Saugarmen schneller und schneller um sich herumzuschlagen, dass man glauben konnte, bald ein schillerndes Riesenrad zu sehen, das um den weißrosafarbigen, plumpen Leib rotierte, aus dessen Mitte die großen Augen gelb, blutrot, blau, finsterschwarz vor Zorn funkelten«.[16]

Im Jahr darauf, nachdem er den Polypen Altenberg gemalt hatte mit vorstehenden, traurig wütenden Augen, verlässt Kokoschka die Stadt, in der man ihn, wie er klagt, »nur vom Wegschaun kennt«, und zieht nach Berlin. Und Altenberg wird in ebendiesem Jahr in die Nervenheilanstalt Inzersdorf eingeliefert. Um die Kosten zu bestreiten, veröffentlicht Karl Kraus in seiner Zeitschrift »Die Fackel« einen Spendenaufruf, den nicht etwa nur die Prominenten des *Café Central*, von Hermann Bahr bis zu Egon Friedell, dem großen Kulturhistoriker, unterzeichnen, sondern auch Hermann Hesse und Max Reinhardt, Ludwig Thoma und Alfred Kerr.

Dass es Missgünstige gibt wie Emil Szittya, Maler und Schreiber aus Budapest, kann ihre hohe Meinung von Alten-

ANHEIMELND: *Für viele Stammgäste war das Central die offizielle Heimat und Postanschrift.*

berg nicht ins Wanken bringen. »Ich weiß nicht, ob man nicht einmal (vielleicht sehr bald) die Altenbergschwärmerei revidieren wird«, wagte dieser Mann zu verlautbaren. »Er war nur der offiziell anerkannte Bohèmien der Wiener Bürger und Kokotten. Es gibt sehr viele Lokale, z. B. *Café Lachmann*, *Café Central*, wo Peter Altenberg alles gratis bekam. Sogar beim Friseur hatte er billigere Preise. Trinkgelder gab er prinzipiell nicht, sondern nahm nur an. Er schrieb über jede Wiener Kokotte Gedichte. Er hatte Menschen, die ihm eine Rente von 14 Kronen pro Monat gaben. Rentenlose Bekannte hatte er nicht gern. Seine größten Verehrer waren Karl Kraus und Adolf Loos. (Letzterer hat sogar soviel Verehrung für ihn gehabt, dass er ihm sogar einmal seine Frau opfern wollte).«[17]

Für Altenbergs Gemeinde spricht aus solchen Worten nichts als Neid. Und als der große Schnorrer 1919 stirbt, singen sie sein Loblied in herzzerreißenden Tönen. Die Grabrede hält Karl Kraus, das katholische Grabmal für den zum Katholizismus konvertierten Juden gestaltet Adolf Loos, der den Freund posthum rühmt: »Du warst der Sparsamste der Sparsamen. Jeden Morgen, bevor Du Dich zur Ruhe legtest, zähltest Du Dein Geld. Über jeden Heller konntest Du Dir Rechenschaft geben.«[18] Das hört sich nur für Ahnungslose nach Satire an. Altenberg hinterlässt nämlich der Kinder-Schutz- und -Rettungsgesellschaft 100 000 Kronen – damals der Kaufpreis für eine Wohnung.

Die Kunst des Schnorrens aber verschwindet nicht mit ihm aus dem *Café Central*. Anton Kuh heißt sein würdiger Nachfolger, 31 Jahre jünger und auf dem Kopf so dicht behaart wie auf der Zunge.

Wie Altenberg ist Kuh mit Karl Kraus eng verbunden, diesmal nicht als dessen bester Freund, sondern als dessen bester Feind, mit dem er sich fast so oft wie im Kaffeehaus vor Gericht trifft.

Wie Altenberg zeigt sich der dünne Mann mit Monokel gern mit schönen Frauen, und es heißt auch über ihn, er dringe bestenfalls geistig in sie ein.

Wie Altenberg gelingt es ihm, nur wenige kurze Stücke zu schreiben, aber als Sprechsteller vergöttert zu werden.

Wie Altenberg schafft er es, aus sich selbst zu Lebzeiten eine Legende zu machen, die so viele Bonmots und Anekdoten liefert, dass das geschnorrte Geld als Honorar dafür gelten kann.

Und wie Altenberg beherzigt er, was Polgar zur »Theorie des *Café Central*« geschrieben hat: »Der Centralist lebt parasitär auf der Anekdote, die von ihm umläuft. Sie ist das Hauptstück, das Wesentliche. Alles übrige, die Tatsachen seiner Existenz, sind Kleingedrucktes, Hinzugefügtes, Hinzuerfundenes, das auch wegbleiben kann.«[19]

Wie Altenberg findet er in Emil Szittya einen leidenschaftlichen Verächter, der von Kuh behauptet: »Er spielt (weil's in Österreich noch interessant ist) den Homosexuellen, aber nebstbei ambitionierte es ihn, einige Jahre mit Bibiana, einer früheren Freundin Altenbergs, zu leben.«[20]

Wie Altenberg provoziert er viele mit seinem Leben auf anderer Leute Kosten. Und auch wenn der Schriftsteller Berthold Viertel 1908 protokolliert, er habe »das Central verlassen, endgültig verlassen«, und es als »Zuflucht der impotenten Lumpen«, als »Platz des Hochstaplertums« schmäht[21] und dabei sicher an Altenberg gedacht hat, erweist sich Kuh als der größere Hochstapler, der sich, wie später Thomas Manns berühmter Hochstapler Felix Krull, dem Militär entzieht durch vorgetäuschte nervöse Zuckungen.

Vor allem aber setzt er fort, was Altenberg so vielversprechend begonnen hat: eisern den Moralkodex der Schnorrer zu verteidigen. »Ich würde«, kommentiert er die Tatsache, dass er den reichen Kaffeehausbesucher Buchsbaum niemals um Geld bittet, »ihm niemals die Ehre antun, ihn anzupumpen.«[22]

Und wie Altenberg befindet Kuh seine Existenz als unverzichtbar. Als er 1938 beschließt auszuwandern und gefragt wird, wohin denn bitte, erklärt er stolz: »Schnorrer kann man überall brauchen.«[23]

Café Central, Ecke Herrengasse/Strauchgasse, 1010 Wien
Tel. 01/5 33 64 26, Fax 01/5 33 37 64 22
www.palaisevents.at
E-Mail: office@palaisevents.at
Öffnungszeiten: Montag bis Samstag 8–22 Uhr, Sonntag 10–18 Uhr, Feiertage 10–22 Uhr

Der Grund hinzugehen: Dass es der beste Platz ist, um endlich einmal etwas von Anton Kuh zu lesen. Und mit dieser Bildungslücke auch den Magen angenehm zu füllen, mit Mehlspeisen, die trotz der Schönheit des Etablissements durchaus genießbar sind.

Graben Hotel, Kremslehner Hotel, Dorotheergasse 3, 1010 Wien
Tel. 01/5 12 15 31-0, Fax 01/5 12 15 31/20
www.kremslehnerhotels.at
E-Mail: graben@kremslehnerhotels.at

ÜHMTE STRASSEN-
EUCHTUNG: *Die Schön-
rngasse hat ihren Namen
einem barocken Haus, das
»Bei der schön Latern«
nte.*

Griechenbeisl

Griechenbeisl oder Die Kehrseite des Ruhms

FLORIERENDE GESCHÄFTE: *Die betrieben in der Griechengasse im 19. Jahrhundert griechische Kaufleute. Heute machen sie die Kröttlingers, Inhaber des ältesten Gasthauses von Wien, in dem seit mehr als 500 Jahren bewirtet wird.*

Eine Karriere gilt es in Wien zu vermeiden: Wahrzeichen der Stadt zu werden. Denn dieser Aufstieg hat hemmungslosen Gebrauch und Missbrauch zur Folge, die nie geahndet werden. Das Wiener Würstchen entging diesem Schicksal, weil es hier Frankfurter heißt, denn der angebliche Erfinder war ein zugezogener Hesse. Der Wiener Walzer und das Wiener Schnitzel jedoch teilen es, wobei das Schnitzel noch glimpflich davongekommen ist. Es muss sich nur gefallen lassen, dass mit dem ungeschützten Begriff vielerorts ein Objekt aus der Friteuse bezeichnet wird, das jeder Wiener in den Papiermüll entsorgte, wäre es nicht so fettig; dass Diskussionen über den korrekten Sitz der Panade – stramm, locker oder schlotternd – geführt werden, und dass zum Beispiel eine Autorin im amerikanischen *Food Lover's Companion* die Aussprache mit VEE-nuhr-SHNIHT-suhl angibt und dazu hartgekochte Eier, Kapern und Anchovis empfiehlt. Die Behauptung, das Wiener Schnitzel sei gar keine Wiener, sondern eine Mailänder Erfindung und von den Leuten des Generals Radetzky, der am 6. August 1848 siegreich in Mailand eingezogen war, aus der Lombardei importiert worden, ist die einzige ernsthafte Zumutung, die es über sich ergehen lassen muss.

Der Wiener Walzer aber, von vielen ebenfalls wegen seiner beglückenden Harmlosigkeit geliebt, ist dem Missbrauch in Wien wie auf dem Rest des Planeten ausgeliefert. In Lifts werden die Fahrgäste mit einer weichgespülten Version berieselt, beim Handyklingeln mit der Piepsvariante gequält und auf Warteschleifen am Telefon mit einer endlos kreisenden *Fledermaus* verärgert.

Beide, Wiener Schnitzel und Wiener Walzer, treffen in Wien mit einem weiteren Wiener Wahrzeichen zusammen, dem Wirtshaus *Griechenbeisl* am Fleischmarkt. Dass es ein Wahrzeichen ist, kostet die Besitzer Geld, denn sie müssen mit dem Haus, 1447 erstmals urkundlich erwähnt, genauso umgehen, wie es das Denkmalamt befiehlt – und nicht etwa die rechnerische Vernunft. Erschwerend kommt hinzu, dass sich das Gebäude mit einer Legende verbindet – der vom Lieben Augustin. Und obgleich dessen berühmte Ballade in jedem Refrain die Zeile *alles ist hin* wiederholt, gilt sie als Hymne der Überlebensfreude und ist deshalb auch als Handy-Klingelzeichen sehr beliebt.

Alles, was den legendären Augustin, einen ausgesprochenen Publikumsliebling in seiner Zeit, mit dem 200 Jahre später geborenen Walzer verband: Sie waren trotz allem fröhlich. Der liebe Augustin sang seine Lieder in einer katastrophalen Zeit, und die heute beliebtesten Walzer entstanden inmitten von Angst und Bankrotterklärungen. Als der Donauwalzer am 13. Februar 1867 uraufgeführt wurde, litt Wien unter den Folgen des verheerenden Börsenkrachs und steckte bis zum Hals in einer Wirtschaftskrise.

NICHT TOTZUKRIEGEN: *Der Bänkelsänger Augustin erwies sich in seinem Dasein als ebenso widerstandsfähig wie das legendäre Beisl.*

Naheliegend also für die Besitzer des *Griechenbeisl*, die Geschichte ihres Hauses, das früher *Zum Gelben Adler* und später *Zum Roten Dachl* geheißen hat und sich Wiens ältestes Gasthaus nennen darf, publikumswirksam zu inszenieren und damit zu demonstrieren: Wir überleben, egal was kommt. Horden von Fremden, die sich in grellem Acryl über die Altwiener Küche hermachen, Verachtung von elitären Gourmets oder die nächste Wirtschafts-, also auch Gastwirtschaftskrise.

Am hinteren Stiegenausgang sind drei Kanonenkugeln aus der Zeit der Türkenbelagerung zu sehen, die hier 1529 einschlugen und bei Renovierungsarbeiten 1963 im Gemäuer entdeckt wurden. Und in einem Verlies unter der Erde, in das der Besucher vor dem Betreten des Lokals durch ein Gitter hinabblickt, hockt eine Puppe, die den Dudelsack spielenden Bänkelsänger Augustin darstellen soll.

Freundlicherweise wird den Fremden erklärt, was diese Installation bedeuten soll: 1679 grassierte in Wien die Pest. Und die brachte sogar den unverwüstlichen Alleinunterhalter Augustin, üblicherweise in seinen Stammgaststätten reichlich entlohnt, in Nöte, denn wer geht schon aus, wenn Seuchen umgehen. Nachdem er eines Abends, in Ermangelung von Publikum, im Bierhaus *Zum Roten Dachl*, dem späteren *Griechenbeisl*, dem Alkohol zugesprochen hatte und auf dem Heimweg unter der Last der Promille zusammengebrochen war, hatten die Siechenknechte den leblos wirkenden Mann auf einen Leichenkarren geworfen und in der Pestgrube von St. Ulrich abgeladen. Als er Stunden später in dieser unangenehmen Ausnüchterungszelle erwachte und feststellen musste, dass er sie nicht ohne fremde Unterstützung verlassen konnte, kamen zu seinem Glück die Leute vom sanitären Räumtrupp, um eine neue Ladung zu entsorgen. Sie hörten Augustin fluchen und holten ihn ohne epidemische Bedenken heraus. So verhalfen sie ihm zu besagter Karriere als Wahrzeichen der Wiener Unverwüstlichkeit. Er starb erst 23 Jahre später eines natürlichen Todes.

Die Legende hat aber leider dafür gesorgt, dass sein ehemaliges Stammbeisl zu einer Touristenattraktion geriet, die der informierte Reisende weiträumig umgeht.

Nach den Griechen heißt das Beisl erst seit dem späten 18. Jahrhundert, als sich in dieser Ecke levantinische Kaufleute breit machten und nebenan eine griechische Kirche gründeten. Danach hätte es eigentlich in *Böhmen-Beisl* umbenannt werden müssen, denn böhmische Tuchhändler umzingelten es im 19. Jahrhundert, und böhmische Reisende tranken in den dunklen Gewölbestuben ab 1852 böhmisches Bier, das hier erstmals in Wien gezapfte Pilsener Urquell.

Die Kulturgeschichte dieses Beisls hat sich an seinen Wänden niedergeschlagen. In der Stube, die nach einem amerikanischen Touristen in weißem Leinenanzug, Mark Twain, benannt ist, wurden die Wände als Gästebuch benutzt – ein ebenso papiersparender wie werbewirksamer Einfall. Die Autogramme von Beethoven und Schubert, die für ein Freibier oder einen Freiwein überall signiert hätten, wurden zwar erst im Nachhinein vom gebundenen Gäste-

GEZEICHNET VON DER VERGANGENHEIT:
Wände und Decke des Mark-Twain-Zimmers im Griechenbeisl bedeckt eine einzigartige Sammlung von Autogrammen, Diebstahl ausgeschlossen.

buch auf die Mauer übertragen, die späteren Besucher aber verewigten sich direkt auf der Wand. Und das ist nicht nur für Graphologen ein gefundenes Fressen, sondern besonders auch für Psychologen.

Auf einer Wand, über einem Bord mit Ziertellern, einer ausgedienten Kaffeemühle und anderen Notwendigkeiten, entziffert der Besucher am einen Ende, knapp unter der Decke: Johann Strauß. Und auf derselben Wand, aber so weit wie möglich von jener Unterschrift entfernt, also circa zweieinhalb Meter, liest er noch einmal: Johann Strauß. Die erste Signatur ist schwungvoll, sogar anmutig und verrät nur durch den spiralförmigen Schnörkel nach dem ß am Ende eine gewisse Eitelkeit. Die andere ist hart hingekrakelt, der Schriftzug wirkt zerrissen und unharmonisch, schroff, aber in seiner Größe durchaus geltungssüchtig.

Auch hinter diesen beiden Signaturen verbirgt sich, wie hinter so vielen netten Wiener Traditionen und Konventionen, ein Drama. Titel: Der Walzerkrieg im Hause Strauß.

Der Beginn dieses Dramas ist nicht genau zu datieren, der erste Kulminationspunkt jedoch schon: 15. Oktober 1844. Und es kann gut sein, dass Johann Strauß Vater

ARBEIT FÜR GRAPHOLOGEN: *Wer im Mark-Twain-Zimmer sein Beuschel verzehrt, kann prominente Namenszüge von Beisl-Gast Mozart – erst später auf die Wand aufgebracht – bis Hans Albers studieren. Früher hieß das Griechenbeisl »Zum Gelben Adler«, später »Zum Roten Dachl«, dann »Zum Goldenen Engel«.*

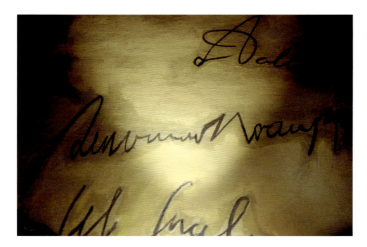

seinen Namen ziemlich genau zu dem Zeitpunkt auf die Wand des Beisls setzt, dass er sogar triumphierend auf einen Stuhl steigt, um seinen Namen auf die Wand zu schreiben, als es gerade passiert, als sein ältester Sohn offen gegen ihn antritt.

Er sorgt im Metier seines Vaters, mit dem Namen seines Vaters, mit den Mitteln, sogar im Stil seines Vaters für eine Sensation, die er in aller Gründlichkeit vorbereitet hat. Hinterhältigkeit und Verrat ist das in den Augen des Vaters, Revanche und Selbstbehauptung in denen seines Sohnes.

Nicht etwa hier im *Griechenbeisl*, nein, draußen, in Hietzing, in direkter Nähe vom Schloss Schönbrunn, ist die Bombe explodiert, dort, wo die teuren Häuser stehen in dressierten Gärten. Sie ging hoch in Ferdinand Dommayers Kasino, einem pompösen Bau, mit dem der ehemalige Kamm-Macher sich in den Mittelpunkt der Gesellschaft gedrängt hat. Das *Dommayer* ist ein Mittelding zwischen Gasthaus und Kaffeehaus, Tanz- und Konzertsaal, öffnet morgens um acht und schließt erst, wenn der letzte Gast freiwillig das Amüsierparadies räumt. Der Festsaal des Kasinos mit seinen bemalten Tonnengewölben, den polierten Sandsteinsäulen mit vergoldeten Kapitellen, mit Portieren und Kristalllüstern und einer großen Orchesterbühne an der Seite ist der Treffpunkt von Gästen, deren wesentliche Gemeinsamkeit auf dem Konto liegt. Mitglieder des Kaiserhauses, obere Hofangestellte, Geldadlige aus dem ersten

Bezirk, Unternehmer, reiche junge Erben und Erbinnen, die nach einer guten Partie Ausschau halten. Andere Leute könnten Dommayers Preise auch nicht zahlen.

Diese Vergnügungssüchtigen brauchen, das weiß Dommayer, dauernd neuen Suchtstoff, musikalischen vor allem. Lanner ist tot, Johann Strauß eine Berühmtheit, die schwer zu engagieren ist, außerdem: Man kennt ihn. Der Reiz des Neuen ist ein stärkerer Kitzel. Und da gibt es einen blutjungen Komponisten, noch keine zwanzig, der mit einem frommen Graduale, das in der Kirche *Zu den Neun Engelschören* aufgeführt worden ist, seinen Leistungsnachweis erbracht hat. Er ist, obwohl noch nicht mündig, bereits als Orchesterleiter zugelassen: Johann Strauß Sohn. Nicht mit Hilfe des Vaters, sondern gegen dessen Willen, gegen dessen Verhinderungsmaßnahmen ist er zum Geiger und Komponisten geworden. Seit der Vater seine Sippe ganz im Stich gelassen hat und zu seiner Geliebten, einer kessen Modistin namens Emilie Trampusch, gezogen ist, hat er die Brut zu Hause ohnehin nicht mehr unter Kontrolle.

Eigentlich müsste der Aufsteiger Dommayer verstehen, dass Vater Strauß keinen anderen Gott neben sich duldet. Sein Aufstieg war hart genug erkämpft.

Johann Baptist Strauß hat es geschafft, von ganz unten, aus dem billigen Bierbeisl seines Vaters hinauf in die Salons und Konzertsäle von Paris bis London, von Frankfurt bis Edinburgh. Er hat im Buckingham-Palast

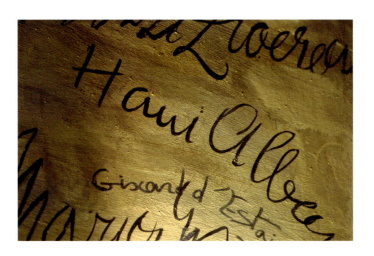

GOLD WERT: *Für den Tourismus ist Johann Strauß Sohn unbezahlbar, sein Denkmal im Stadtpark, von Edmund Hellmer entworfen, ist das meistfotografierte in Wien — Walzerseligkeit verkauft sich besser als Streitbarkeit.*

FOLGENDE DOPPELSEITE |

BILDUNGSSTÄTTE: *Auch wenn das Hietzinger Café Dommayer bei Schloss Schönbrunn mit Dommayers Kasino nichts zu tun hat, in dem Johann Strauß Sohn seine Karriere begann, pflegt Inhaber Gert Gerersdorfer die musikalische Tradition dort mit Inbrunst.*

zur Krönung von Queen Victoria gespielt und kann es sich leisten, seine dauernd überreizten Nerven mit Champagner zu sedieren.

Seine Frau Anna, die er vor zwanzig Jahren, nur weil sie schwanger war, geheiratet hat, muss währenddessen sich, die zwei ästhetisch und angeblich auch geistig wenig begnadeten Töchter und die drei begnadeten, aber im Dauerkrieg miteinander kämpfenden Söhne mit Resteküche durchbringen. Ihn kümmert das wenig. Er hat schließlich auch von Emilie noch sieben Kinder. Doch die verschmähte Gattin, eine resolute Wirtstochter, nutzt die Begabung der drei Söhne, des ältesten vor allem, um sich an ihrem Gatten zu rächen. Eine nur allzu verständliche Revanche.

Die Geige wird zum Machtinstrument, der Geigenbogen zur Waffe und der Kampf Johann Strauß gegen Johann Strauß zum Spektakel. »Eine Hetz'«, wie die Wiener das im Gedenken an die barocken, theatralisch inszenierten Tierhetzen nennen. Und die Wirte, bei denen Vater oder Sohn auftreten, heizen mit den Gerüchten um diesen Krieg und seine unlauteren Methoden auch den Konsum an. Es heißt, Johann Strauß Vater habe den Prominentenwirt Dommayer verdroschen und andere Gastwirte Wiens bedroht, wahlweise bestochen, damit sie den selbstgezeugten Konkurrenten auf keinen Fall bei sich auftreten lassen. Korruption ist das Mittel der Wahl, sowohl des Vaters wie des Sohnes. Journalisten werden bestochen und rühmen je nach Geldquelle mal den Vater als den eigentlichen, unerreichten Walzerkönig, mal den Sohn als denjenigen, der den Vater übertroffen habe, als den neuen, strahlenderen Regenten im Reich der Walzer, Galopps, Polkas und Mazurken. Und sollte auch manches übertrieben sein von dem, was beiden unterstellt wird, nutzt es doch ihrer kaum mehr zu übertreffenden Popularität: Die delikate Musik der Walzerkönige schmeckt den Leuten eben noch besser, wenn ihnen dazu pikante Details vom unseligen Privatleben serviert werden.

Das *Griechenbeisl* ist in diesem Krieg, in den zahllose Etablissements von der Leopoldstadt bis zum Prater verwickelt sind, ein Ort des Friedens. Mit seinen vielen kleinen Stuben ist es nämlich restlos ungeeignet für den großen Auftritt, den die Sträuße verlangen. Der Vater hat stickige, rauchgeschwängerte Beisln wie das *Zur Goldenen Birne*, in dem er seine ersten Erfolge feierte, längst vergessen. Beide sind gewöhnt an die Pracht der Wiener Ballsäle und Edelgastronomen, wo von silbernen Tellern gegessen wird, diamantbesetzte Uhren verlost werden und angeblich die Herren einander das Feuer mit Geldscheinen reichen.

Was den Vater ins *Griechenbeisl* gebracht hat, ist verständlich. Es ist wohl jene innere Unruhe, die ihn nie verlassen hat, die ihn aus der Familie, dem Haus, der Heimat trieb und sicher auch in seinen frühen Tod mit 45 Jahren.

Unklar ist jedoch, was oder wer seinen Sohn hierher geschleppt hat. Mit Sicherheit war er erst hier, nachdem der

Vater im September 1849 unter die Erde gekommen ist, selbstverständlich in Abwesenheit seiner gesamten Familie.

Johann Strauß, der die Dreistigkeit hat, den Zusatz »Sohn« auf den Plakaten und Programmen immer kleiner zu drucken oder ganz wegzulassen, hasst es, auszugehen. Jeder Abend im Wirtshaus, im Varieté, bei Freunden, von denen er ohnehin wenige hat, ist für ihn eine Qual, jede Tournee empfindet er als Zumutung. Bis er mit 37 zum ersten Mal heiratet, wohnt er daheim, im Hirschenhaus bei der Mutter, und seine Frau schaut aus, als könnte sie seine Mutter sein. Später, in seiner dritten Ehe, richtet er sich in den eigenen vier Wänden ein Kaffeehaus ein, mit Billardtisch, Kaffeehaustischen und -stühlen, damit er jedes Ausgehen vermeiden kann.

Johann Strauß Sohn, Meister der Beschwingtheit und Gelöstheit, klammert. Er klammert sich auf jedem Foto fest an einem Möbel, an einer Brüstung, klammert sich fest an seiner jeweiligen Gattin, die er am liebsten keine Sekunde losließe, und an seinem Besitz. Verschwendungssucht hat seinen Vater ruiniert, Geiz und Verarmungswahn kennzeichnen den Sohn.

Es muss ihn Überwindung gekostet haben, sich ins *Griechenbeisl* zu setzen, denn während es der Vater nicht bunt genug treiben konnte, ist seine erklärte Lieblingsfarbe Aschgrau. Vielleicht hat sein Busenfreund Johannes Brahms ihn dorthin geschleift, vielleicht ein Impresario, ein Musikkritiker oder ein Verleger.

»Johann Strauß, der nie ein Café besuchte«, sagte der Zeitzeuge Victor Léon über ihn, den Mann, der Hotelzimmer als Angstkammerln bezeichnete. Freiwillig ist er bestimmt nicht hergekommen, und auch wenn die Küche hier nach seinem Geschmack ist – nichts ist ihm lieber als ein kleines Gulasch, Wiener Schnitzel oder Apfelstrudel, wie sie hier der Standard sind –, hat es bestimmt ein größeres Quantum an Alkoholischem gebraucht, um ihn zu beruhigen.

»Kopfweh hat er keins«, notiert seine dritte Gattin Adele einmal nach einem seiner üblichen Exzesse, »ein Beweis, dass die sieben Viertel nicht gepanscht gewesen sind.«

Doch es war vermutlich einfach, Johann Strauß zu bewegen, hier seinen Namen auf die Wand zu schreiben, auf der bereits der gleichlautende jenes Mannes steht, der über den Tod hinaus sein ärgster Rivale geblieben ist. Wahrscheinlich macht es ihm Vergnügen, hier seine harte Unterschrift gegen die des Vaters zu setzen, und man meint, den Autogrammen anzusehen, dass Vater Strauß ein Charmeur und ein brillanter Tänzer war, der Sohn sich hingegen mit dem Tanzen so schwer tut wie mit dem Flirten. Vielleicht wurmt es ihn, dass das väterliche Autogramm inmitten von

FAMILIENBANDE: *Eine bürgerliche Wiener Bande feiert im Griechenbeisl friedlich, die Strauß-Bande bekriegte sich. Der Charme von Herrn Ober Franz Lerner würde allerdings auch streitbare Gäste umgehend besänftigen.*

prominenten Namen prangt, rechts darunter hat der grandiose Maler Adolph Menzel signiert, oberhalb die scharfsinnige Marie von Ebner-Eschenbach. Und, besonders ärgerlich, in nächster Nähe steht der Schriftzug von Johannes Brahms, auf dessen Nähe nur er, der Sohn, Anspruch erheben könnte.

Doch Brahms hat andere Möglichkeiten gekannt, dem Komponisten, dessen Seele so zerrissen war wie seine Schrift, jene Bewunderung zu erweisen, nach der er dürstete wie nach seinem billigen Fiakerwein und teurem Champagner. Als sich Adele Strauß auf ihren Fächer ein Autogramm erbat, eine auf Bällen übliche galante Sitte, schrieb er darauf ein paar Takte aus dem Donauwalzer und darunter: »... leider nicht von ... Johannes Brahms«.

Der Fächer wurde gerettet, zerstört aber sind fast alle Schauplätze, an denen Vater Strauß oder einer seiner Söhne, der elegante Johann, der depressive Josef und der schillernde Eduard, die Wiener bis zur Ekstase begeisterten.

Weder das *Odeon* noch das *Sperl* (das mit dem existierenden Kaffeehaus dieses Namens nichts gemeinsam hat und nach der Besitzersgattin benannt war, die Sperlbauer hieß), weder Vergnügungszentren wie *Schwender's Neue Welt* noch das *Neue Elysium*, weder der *Dianabadsaal* noch der *Apollosaal* und schon gar nicht eins der elitären Kaffeehäuser im Prater draußen, der längst zu einem amerikanischen Elektronik-Rummelplatz verkommen ist und sich das Riesenrad nur noch aus Gründen der Reliquienverehrung hält, erinnern daran.

Auch der Charme des *Dommayer* in Hietzing ist nicht authentisch, es hat nur den Namen übernommen und seit den 1970er Jahren auch die Tradition regelmäßiger Kaffeehauskonzerte. Dort, wo *Dommayer's Kasino* stand, befindet sich seit langem das Parkhotel Schönbrunn. Auch die *Sofiensäle* in der Marxergasse, in denen Johann Strauß Sohn nicht nur Maskenbälle, sondern auch Beethovens »Schlacht bei Vittoria« mit obligatem Kanonendonner dirigiert hat, sind durch einen Brand im August 2001 so schwer beschädigt, dass ein Abriss erwogen wird. Und was mit dem ehemaligen *Kasino Zögernitz* in der Döblinger Hauptstraße geschieht, das 1837 von Johann Strauß eröffnet wurde, wenn die jetzige bejahrte, traditionsbewusste Besitzerin den Bau verkaufen muss, ist ungewiss.

Doch die Musik von Johann und Johann Strauß erweist sich als unzerstörbar. »Wenn von Wien kein Stein mehr übrigbliebe und Österreich von der Landkarte verschwände«, hat der Bühnenautor Rudolf Österreicher gesagt, »seine von Lebenslust und jauchzender Liebe erfüllten Walzer würden beide überleben.«

LINKS | GRIECHISCH AUF WIENERISCH:
*Die Griechengasse mit altem Kopfsteinpflaster,
nahe der griechischen Kirche am Fleischmarkt,
erbaut von Theophil Hansen.*

Im *Griechenbeisl* allerdings wird die steinerne Mauer allein ihrer Schriftzüge wegen so lange wie möglich stehen bleiben. Charakterzüge von zwei Männern, deren Musik jeden Streit, jede Krise, jeden Notstand einen Walzer lang vergessen lässt und auch die Rücksicht auf die eigene Gesundheit. Deshalb stand neben manchem der Ballsäle ein Entbindungszimmer bereit, deshalb gab ein Vater in der Theaterzeitung eine Anzeige auf, in der er »den schmerzlichen Verlust einer guten Tochter« beklagte, »der die unsinnigen Tempi der Walzer und Galoppaden Bluthusten, Lungensucht und den Tod gebracht haben«.[24]

Der Walzer macht bedenkenlos. Doch welche Abgründe er verbirgt und verdeckt, macht nachdenklich. Gerade wenn man im *Griechenbeisl* sein Backhendl verspeist und dabei auf die Schriftzüge von Johann und Johann Strauß blickt: Charakterzüge eines Familiendramas, das wir walzerselig gerne überhören.

Griechenbeisl, Fleischmarkt 11, 1010 Wien
Tel. 01/5 33 19 77, Fax 01/5 33 19 77 12
www.griechenbeisl.at
E-Mail: office@griechenbeisl.at
Öffnungszeiten: täglich 11–1 Uhr
Der Grund hinzugehen: Das glückliche Erlebnis, dass Touristenströme, richtig kanalisiert, keineswegs die kulinarische Qualität wegschwemmen und auch nicht die echte Prominenz.

Café Dommayer, Johann-Strauß-Platz, Auhofstraße 2/Dommayergasse 1–3, 1130 Wien
Tel. 01/8 77 54 65, Fax 01/8 77 22 08 18
www.dommayer.at
E-Mail: bureau@dommayer.at
Öffnungszeiten: täglich 7–24 Uhr
Der Grund hinzugehen: Dass die Einrichtung wie die Schreibweise Bureau in der E-Mail-Adresse nostalgische Empfindsamkeit beweist, dass Konzerte in guter Strauß-Tradition stattfinden und dass der Inhaber Gert Gerersdorfer Kommerzialrat ist wie dereinst Anna Demel.

PRACHT UND EILIGKEIT:
An der Tafel der Hofburg, bis heute gedeckt in den Kaiserappartements, wurde unter Kaiser Franz Joseph nach spanischem Hofzeremoniell gespeist. Seine Majestät war ein Schnellesser, und sobald er fertig war, mussten alle Gäste aufstehen.

K. u. K. Hofzuckerbäckerei Demel

K. u. K. Hofzuckerbäckerei Demel oder Die Wahrung der Würde

DELIKATER EINBLICK: *Seit dem Umbau des Demel unter Attila Dogudan können die Besucher den Konditoren auf die geschickten Finger schauen.*

Mahagoni-Vitrinen und Marmorplatten schimmern, Bronzebeschläge glänzen, vergoldete Rahmen leuchten, Spiegel blinken, und die Preise prunken um die Wette mit den Lüstern. Wer in einem solchen Etablissement speist, erwartet von den weiblichen Bedienungen auch äußere Reize. Im *Demel*, das die teuersten Torten Wiens verkauft, wird diese Erwartung enttäuscht, und es ist kein Zufall, dass die Serviererinnen im berühmtesten Café der Stadt »Demelinerinnen« genannt werden, was an Ursulinen oder Karmelitinnen erinnert. Früher wurden sie nämlich aus einer Klosterschule in Währing im 18. Bezirk rekrutiert, und ihre Uniform ähnelt noch heute einer Ordenstracht, die nicht einmal auf jene subversive Art erotisierend ist, die Regisseure nutzen, wenn sie eine Sexbombe züchtig verkleiden. Der Kragen ist weiß, die schwarze Bluse hochgeschlossen, der schwarze Rock körperunbetont und mehr als knielang.

Selbst eine grazile Frau wirkt darin, als wäre ihr Becken breiter und ihre Taille runder, als wären ihre Brüste flacher und die Oberarme fülliger, als sie in Wirklichkeit sind. Aber das alles ist keineswegs ein Zeichen modischer Ahnungslosigkeit, vielmehr hat es eine symbolische Bedeutung für die K. u. K. Hofzuckerbäckerei *Demel*: Hier geht es von jeher um die Wahrung der Würde. Und davon verstehen die meisten modernen Servierdamen nichts, die oft mit unübersehbarem Widerwillen etwas auf den Tisch knallen, weil sie verkannte Stars oder Models sind, also ihrer Entdeckung harren.

Demelinerinnen sind das Gegenteil davon: Sie dienen mit Demut und Hingabe. Schließlich ist der *Demel* kein Kaffeehaus, sondern eine kulturelle Institution mit sakralem Anspruch. Die Damen verlieren niemals ihren Job, wenn sie ihr Leben lang niemals die Fassung verlieren. Das jedoch ist eine härtere Prüfung, als Außenstehende meinen.

Es beginnt damit, dass Demelinerinnen mit dunklen Stellen aus der Vergangenheit des Hauses umgehen müssen wie Diplomaten mit Ausrutschern der Staatsgäste.

In der Frühgeschichte sind die Peinlichkeiten noch glimpflicher Natur. Natürlich ist es nicht passend, dass diese Wiener Institution von einem Schwaben namens Ludwig Dehne gegründet wurde, der 1786, also nur wenige Jahre nach dem der Salzburger (keineswegs Österreicher) Mozart, nach Wien gekommen war und am Michaelerplatz die *Burgtheater-Zuckerbäckerei* aufgemacht hatte. Es passt auch nicht recht, dass es wiederum ein Schwabe war, der nach Ludwigs Tod das Unternehmen und die Witwe des Unternehmers, Antonia, rettete. Als dieser zweite Zuckerbäcker-Gatte nach Produktion zahlreicher Torten und Kinder dann 1799 aus dem süßen Leben schied, hinterließ er Antonia einen Schuldenberg, dessen Abtragung eine so saure Arbeit war, dass die Frau mit Mitte fünfzig »an Entkräftung« starb.

Ihr Sohn August rettete zwar keineswegs den Ruf der *Zuckerbäckerei Dehne* – inzwischen k. u. k. Hoflieferant –, aber immerhin sich selbst durch eine gewinnbringende Heirat und verscherbelte dann den Betrieb samt Einrichtung, einem

ZÜCHTIG, ABER UNWIDERSTEHLICH:
Jede der Demelinerinnen *hat ihre Stammgäste, für die ihr Name nach Heimat klingt.*

kalorienschweren Rezeptbuch und diversen Privilegien an seinen ältesten Gesellen Christoph Demel. Doch der wirkte auch nicht lang, er starb nach zehn Jahren, wahrscheinlich ist das süße Leben mit Bonbons und Sorbets, Marzipan und Torten, Dragées und Konfekt, Kuchen und Likören, Sirup und Punsch nachteilig für die Gesundheit.

Diesmal wahrten die Söhne, Josef und Karl, die Würde des Hauses und des Namens, zogen nach Abriss des Alten Burgtheaters an den Kohlmarkt 14 um und machten aus *Ch. Demel' Söhne* eine Legende. Das Etablissement befand sich nun in einem erlesenen Privatpalais an Wiens erlesenster Einkaufsstraße und wurde von dem Inneneinrichter *Portois & Fix* ausgestattet: eine Inszenierung par excellence.

Wie anstrengend es ist, die Würde zu wahren, erlebten aber nicht die Herren, sondern die Damen im Hause *Demel*. Maria Demel, geborene Griensteidl, deren Vater das keineswegs aristokratenwürdige Literatencafé leitete und die verwitwet das Szepter aus Zucker führte, vor allem aber Anna Demel, ein hübsches Mädchen aus kleinen Verhältnissen, das von Ehemann Karl zu einem geschäftlichen Abenteuer in Berlin gedrängt und dann sitzen gelassen wurde. Wie sehr sie als würdige Äbtissin des Demelinerinnen-Ordens auftrat, ist aktenkundig. Sie benahm sich heiligmäßig: Sie übersah, dass ihr Sohn mit Kartenspiel und Jagd ihr Geld ausgab, und adoptierte Klara, das uneheliche Kind ihrer verwerflich verführerischen Schwester Flora, Balletteuse und Geliebte eines ungarischen Magnaten. Ihre andere Schwester Hermine, Tante Mina genannt, platzierte sie an einem Kontroll- und Ehrenplatz beim Kücheneingang, Beichtstuhl genannt. Und sie scheint unerschütterlich an den Kaiser von Gottes Gnaden geglaubt zu haben, denn als es keinen Kaiser mehr gab, behielt sie gegen alle ketzerischen Verbote den Zusatz »K. u. K.« bei und benutzte ihn überall, auch dort, wo es untersagt war.

Selbst ein unaristokratischer Schnorrer wie Anton Kuh zeigte sich vom stilvollen Umgang im *Demel* sehr beeindruckt: »Die Servierdamen sind noch immer freundlich, ehrbar und würdig wie die Schwestern eines adligen Damenstiftes«, befand er. »In ihren Gesichtern steht die Bekümmernis über die neue Zeit, die mit Prinzen, Baronen, Lebemännern und alleinstehenden Damen aufzuräumen droht.« Und erkannte weiter scharfsichtig: »Sie tragen auf ihren schwarzen Blusen unsichtbare Erinnerungsmedaillons an Altösterreich.«[25]

Geschützt durch dieses geisterabwehrende Amulett konnten die Demelinerinnen sogar damit fertig werden, dass einst Lenin an einem ihrer Marmortischchen Kaffee trank. Sie ignorierten seine Absichten ebenso wie die Abschaffung des Adelstitels, denn nur das Ignorieren unwürdiger Umstände ermöglichte es, die Würde zu wahren.

UMSTRITTEN UND UNUMSTRITTEN:
Die Demel-Sachertorten-Schlacht wurde vor Gericht ausgetragen — alle anderen Gerichte von den Buchteln bis hin zur Nelson-Mandela-Büste werden friedvoll genossen.

Der Mann, den Annas Adoptivtochter Klara 1936 heiratete, war durchaus würdig, Mitglied des *Demel* zu werden: Er hieß Federico von Berzeviczy-Pallavicini und war von so elitärer Umständlichkeit wie sein Name, der einzige Reichtum, den er zu bieten hatte. Ein schlanker Endzwanziger aus Lausanne, Bühnenbildner, Grafiker, Innenarchitekt und Textildesigner, der mit makelloser Eleganz beeindruckte, vor allem aber mit Pose.

Unnachahmlich, wie er in einem Sessel zu sitzen verstand, den Kopf nicht matt angelehnt, sondern gereckt, als hörte er einer Unterhaltung interessiert zu, wobei der Blick jedoch träumerisch ins Unendliche schweifte. Ebenso unnachahmlich stützte er dabei die Linke leicht gespreizt auf dem Oberschenkel ab, während er die Rechte lässig über die Sessellehne fallen ließ, vielleicht noch ein Buch haltend. Ein Mann, den allein die Tatsache adelte, dass er diese manikürten Hände niemals mit vulgär Notwendigem schändete, sondern Paravents, Wandbehänge und Schals entwarf, auch Pralinenschachteln und Konfektdosen für den *Demel*, und sein Heldentum darauf beschränkte, zum Beispiel einer befreundeten Künstlerin den entflatterten Schal aus der Wien zu retten.

Ausgebildet an der berühmten Wiener Kunstgewerbeschule von Kunsthandwerkern der *Wiener Werkstätten*, fügte der Baron zum Zeitgeschmack den Wohlgeschmack hinzu. Er brachte das verkaufsfördernde modische Element in die Tradition ein, jedoch mit dem Feingefühl, das ein Zuckerbäcker beim *Demel* braucht, wenn er einen gotischen Dom basteln soll. Dass Federico das war, was man damals vornehm als »Andersgearteter« bezeichnete, hatten die Demelinerinnen mit derselben Würde zu ignorieren wie die Herrin des Hauses.

Die Herausforderungen wuchsen jedoch unaufhaltsam. Mit den Nationalsozialisten brach auch über den *Demel* die Stillosigkeit herein. Der homophile Gatte von Klara entzog sich dem braunen Schrecken nach Italien und später nach Amerika, die Damen Demel samt Demelinerinnen zogen sich in ihre innere Würde zurück, pilgerten allmorgendlich in Reih und Glied zur Frühmesse in die Michaelerkirche und servierten im Gang von der Küche zur Toilette den Versteckten und Verfolgten unter den ehemaligen Gästen das, was die vulgären Machthaber auf dem Teller liegen gelassen hatten, Tortenreste und fast aufgegessene Cremes.

Nach dem Krieg hatte es so ausgesehen, als werde es leichter, die Würde zu wahren. Emigrierte *Demel*-Habitués kehrten zurück und stellten, wie Friedrich Torberg 1958, beglückt fest, dass hier alles wieder beim Alten war, dass die Demelinerinnen noch immer die Stammgäste unter sich aufteilten, noch immer die direkte Anrede vermieden und

fragten: »Haben gewählt?«, und dass es hier nach wie vor aktuell war, gestrig zu sein. »Außer den geborenen Demel-Besuchern, die zum größten Teil Aristokraten sind, gibt es auch noch die gewordenen. Sie sind zum größten Teil Aristokraten. Und wenn sie es nicht von Haus aus sind, dann werden sie es von Demel aus: teils eben dadurch, dass sie zum Demel gehen, teils indem sie vom Personal das Demel'sche Adelsprädikat verliehen bekommen. Wer beim Demel nicht mindestens ›von‹ heißt, ist kein richtiger Demel-Besucher.«[26]

Dass in den fünfziger Jahren Äbtissin Anna die erste Frau in Österreich war, die den Titel eines Kommerzialrats erhielt, eine profane Form der Seligsprechung, darf als ein Beleg dafür gelten, dass auch gottlose Republikaner sie zu würdigen wussten. Mit Würde, nämlich außergerichtlich, wurde der Streit mit den Sacher-Nachfolgern Gürtler darüber geschlichtet, wer nun das Recht habe, seine Schokoladentorte mit Aprikosenkonfitüre Sacher-Torte zu nennen. Demel hatte deswegen Anspruch darauf erhoben, weil Eduard Sacher dereinst Anna das Rezept als Ausgleich für eine Finanzspritze vermacht hatte.

Als Federico abgebrannt aus den USA zurückkehrte, dekorierte er den Demel neu auf Alt und die Schaufenster zu glitzernden Gesamtkunstwerken, zu süßlichen wirtschaftswunderbaren Märchen. Nach Klaras Tod 1965 leitete er mit fein manikürter Hand das Unternehmen voller Stil und ohne Erfolg, also durchaus würdig.

Ausgerechnet dieser würdige Erbe jedoch lieferte im Jahr 1972 den Demel den Widrigkeiten der Gegenwart, nämlich einem neuen Besitzer aus, der die Demelinerinnen auf die härteste Bewährungsprobe seit Existenz des Ordens stellen sollte: Federico von Berzeviczy-Pallavicini verkaufte den Demel an eine Schweizer Gesellschaft, hinter der ein in Rostock geborener minderwüchsiger ehemaliger Schweinehirte und ungelernter Brillendesigner steckte.

Eine neue Zeit beginnt: Im militaryfarbenen Maserati lässt der neue Chef Fußgänger wegspringen, er geht nie ohne Waffe aus und kommt frühmorgens direkt aus der Bar in sein Kaffeehaus, um stehen gebliebene Wassergläser von den polierten Marmortischplatten zu schießen. In Kronleuchter schießt er nur anderswo, zum Beispiel im Sacher.

Udo Proksch heißt der Mann, und darüber, was er ist, gehen die Meinungen auseinander. Sehr weit auseinander. Während die einen den Mann, der den »Verein zur Förderung der Senkrechtbestattung« gegründet hat, als den Hofnarren Wiens, den Clown der Elite, den Eulenspiegel Österreichs feiern, schmähen andere ihn als Hochstapler und Betrüger. Während ihn erstklassige Frauen wie Erika Pluhar und Daphne Wagner, beide mal mit ihm verheiratet und als

PACKENDE DETAILS: *Bei Demel sind alte Schachteln heiß begehrt, denn sie gehören zu Klassikern des Verpackungsdesigns.*

Burgschauspielerinnen und Schönheiten umschwärmt, großzügig, warmherzig und hilfsbereit nennen, erklären ihn andere für einen machtbesessenen Größenwahnsinnigen.

Sicher ist nur eins: Der *Demel* wird Schauplatz von Politik, die bekanntlich mit Kultur nichts zu tun hat. Im *Club 45*, in der ersten Etage über dem Café, treffen sich Leute, die Macht haben oder ergattern wollen. Auch die Schuhsammlung von Imelda Marcos, die Proksch im *Demel*-Haus ausstellt und ihre Besitzerin mit den glühenden Wangen des erregten Verehrers übers Parkett schiebt, kann kaum als Kulturbeitrag gelten.

Doch die Demelinerinnen bewahren Würde und Diskretion, schon allein deswegen, weil der Herr Udo akzeptiert, dass die Würde seiner Angestellten und diese selbst unantastbar sind. »Er war immer freundlich, immer für uns da, und man hat es gleich gerochen, wenn er im Haus war«, bezeugt Frau Elisabeth, Demelinerin aus Prokschs Zeiten. »Er muss in Patschuli gebadet haben.« Und wenn der Dienstherr ein Glas wegschießt, weist ihn die einfache Demelinerin nicht direkt in die Schranken, sie bittet nur ihre Vorgesetzte dezent, aber unüberhörbar: »Sag bitte dem Herrn Udo, dass er das nicht darf.«

Keine der Demelinerinnen bekundet auch nur den geringsten Zweifel an der Unschuld ihres Herrn, als Ende Januar 1977 die Zeitungen vermelden: Das Frachtschiff Lucona, Besitz des Herrn Proksch, angeblich beladen mit einer teuren Uranerz-Aufbereitungsanlage, sei bei strahlendem Sonnenschein auf ruhiger See gesunken, und leider seien dabei sechs Seeleute umgekommen. Sie sind sicher: Das muss ein Unfall gewesen sein.

Was sie tief innen drin denkt, über amerikanische Gäste, die eine Sachertorte mit Schlagrahm bestellen und Cola dazu, oder über einen Chef, der herumballert, gibt eine Demelinerin nicht zu erkennen, sonst wäre sie ja ihres Jobs nicht würdig.

Proksch kassiert die Versicherungssumme, und der *Demel* läuft weiter, aber auch die Recherche derer, die dem Herrn des *Demel* alles zutrauen. Der beschwört lange, vor allem aber pressewirksam vor Fotografen im Kreise seiner Demelinerinnen, seine Unschuld: er, die Hand zum Siegeszeichen erhoben mit rebellischer Miene, die Damen mit unbewegtem Antlitz in ihrer Ordenstracht. Schließlich reichen die Beweise aus, ihn zu verurteilen.

Doch bald ist auch der heißeste Skandal der Republik abgekühlt auf Zimmertemperatur und schmeckt den meisten nur noch schal. Seit Proksch in der Karlau, dem Grazer Gefängnis, gestorben ist, hat keiner mehr Appetit auf den Fall.

Die Demelinerinnen jedoch kann seither nichts mehr schrecken. Den Aberwitz einer Bank, die sich einbildete, eine Kulturinstitution wie den *Demel* führen zu können, nur

weil sie ihn kaufen konnte, haben sie so würdig überstanden wie den Erwerb des Cafés durch Do & Co, ein Unternehmen, hinter dem ein Wiener Türke steht. Attila Dogudan ist ehrlich, fleißig, ehrgeizig und erfolgreich. Und erschreckenderweise fortschrittsgläubig.

Seine Neuerungen im Zeichen der Sanierung müssen in den Augen einer Demelinerin blasphemisch sein: Im Erdgeschoss ist kein Cafébetrieb mehr, nur noch Verkaufsfläche, stattdessen wird im ersten Stock in der alten Demel'schen Privatwohnung serviert, und auf den Fluren stehen Buffets. Doch alles nimmt sie so gottergeben und gelassen hin wie die Turbulenzen der Vergangenheit. Bestenfalls durch ein Lächeln, so feinbitter wie die Couvertüre der Anna-Demel-Torte, zeigt sie, dass sie sich sehr viel mehr denkt, als sie sagt.

Eine echte Demelinerin verändert weder die Stimme noch die Gesichtsfarbe, wenn sie den Besucher ins ehemalige Schlafzimmer der Anna Demel führt, heute ein Veranstaltungsraum für festliche Empfänge, und die Einschusslöcher in der Leder-Kassettendecke zeigt. »Das kann niemand recht sagen«, heißt es nur, »warum der Herr Udo da hineingeschossen hat.«

Nur eines würde die Demelinerinnen erschüttern: Wenn Attila Dogudan, dessen Bedienungen im Stammhaus Do & Co so schick und schlank und dynamisch aussehen müssen wie Stewardessen in der First Class, sie ihrer Kluft beraubte. Und damit ihrer Würde.

Café Demel (Ch. Demel's Söhne) K. u. K. Hofzuckerbäckerei Demel, Kohlmarkt 14, 1010 Wien
Tel. 01/5 35 17 17-0, Geschäft -1, Büro -2, Fax -26
www.demel.at
E-Mail: ademel@demel.at
Der Grund hinzugehen: Festzustellen, dass bei allen von Stammkunden beklagten Neuerungen das Wichtigste Bestand hat: der diskrete Charme der Demelinerinnen.

Café Griensteidl, s. S. 37

GASTLICHKEIT NEBEN GRAUSAMKEIT: *Auf dem Judenplatz, der auch den Dichter von »Nathan der Weise«, Gotthold Ephraim Lessing, ehrt, erinnert eine alte Tafel am Haus der Wiener Gastwirte zugleich an die Juden-Pogrome. Links geht es in die Kurrentgasse zum Gasthaus »Ofenloch«.*

Club Gutruf

CLUB GUTRUF ODER
DIE KUNST DES SCHMÄHS

GERÜCHTEKÜCHE: *Das Haus »Zum Auge Gottes« wird von Klatsch umwabert. Früher war Mozarts Affäre mit Constanze Weber der Anlass, heute liefern diesen die prominenten Gäste aus Politik und Medien im »Club Gutruf«.*

Vier Frauen wohnten auf der zweiten Etage »Zum Auge Gottes«. So hieß das hohe, etwas düstere Haus hinter der Peterskirche, wo eine verwitwete Mutter und drei unverheiratete Töchter, zugezogen aus Mannheim, sich Geld mit dem Untervermieten verdienten. Zusätzlich kümmerten sie sich um Wäsche und Verpflegung ihrer Mieter. Die vierte Tochter, längst verehelicht mit dem prominenten Schauspieler Lange, war immer noch oft zu Gast am mütterlichen Tisch. Wie über diese Damen im »Auge Gottes« geredet wurde, hört sich allerdings nicht so an, als wären sie gottergebene Unschuldslämmer. Die Mutter wird als dumm und intrigant geschmäht, »die Älteste ist eine faule, grobe, falsche Person, die es dick hinter den Ohren hat. – die Langin ist eine falsche, schlechtdenkende Person, und eine Coquette. – die Jüngste – ist noch zu Jung um etwas seyn zu können. – ist nichts als ein gutes aber zu leichtsinniges geschöpf! gott möge sie vor verführung bewahren.« Nur die Mittlere der drei unverheirateten jungen Frauen wird ausgenommen. Das sei »die gutherzigste, geschickteste und mit einem Worte die beste darunter«. Leider sei sie jedoch das Opfer der infamen Restfamilie, »eine Marterin«. Sehr begeisternd schien die märtyrerhafte Heilige aber auch nicht zu sein: »sie ist nicht hässlich, aber auch nichts weniger als schön. – ihr ganze schönheit besteht, in zwey kleinen schwarzen augen, und in einem schönen Wachstum, sie hat keinen witz, aber gesunden Menschenverstand genug, um ihre Pflichten als frau und Mutter erfüllen zu können. sie ist nicht zum aufwand geneigt, das ist grundfalsch. – imgegentheil ist sie gewohnt, schlecht gekleidet zu seyn.«²⁷

So beschrieb Wolfgang Amadeus Mozart, der Untermieter in besagtem Haus war, am 15. März 1781 seinem Vater Leopold die Familie Weber, in die er einheiraten wollte. Seine Auserwählte war Constanze, die mittlere der drei verbliebenen Schwestern. Log er? Übertrieb er? Untertrieb er? Er wusste, dass Leopold diese Sippe hasste, verachtete und fürchtete: Mutter Caecilia war in den Augen von Vater Mozart eine trunksüchtige Vettel, die nichts im Sinn hatte, als anderen das Geld aus der Tasche zu ziehen. Und Mozarts Zukünftige, für ihn selbst schlicht »das himmlische Mädchen«, wurde von seinem Komponistenkollegen Peter von Winter für ein Luder gehalten, von dem ein Genie die Finger lassen solle. Wenn Mozart sexuelle Bedürfnisse habe, dann solle er sich eben eine Mätresse halten, riet er.

Der Salzburger, in Wien schlagartig zum Star geworden durch den Erfolg seines Singspiels *Die Entführung aus dem Serail*, wo ein gewisser Belmonte seine Geliebte Constanze aus der Gefangenschaft entführen will, fühlte sich wohl seinem Helden sehr nahe, als er die Weber'sche Constanze 1782 ohne Einwilligung seines Vaters heiratete, eine Aktion, die von den Eingeweihten als »Die Entführung aus dem Auge Gottes« bezeichnet wurde.

Von dem, was dann in der Ehe Mozart geschah, ist heute vor allem eines überliefert: Gerüchte. Haltbar ist kaum eines von ihnen, dennoch kursieren sie noch immer. Constanze,

QUALTINGERS LUST UND DER ÄSTHETEN QUAL: *Der Club Gutruf belegt, dass Schönheit im Auge des Betrachters liegt.*

heißt es, habe ihren Wolfgang ausdauernd mit seinem Kollegen Franz Xaver Süßmayr betrogen, der des Meisters Requiem vollenden sollte, und ihr letztes Kind, kein halbes Jahr vor Mozarts Tod geboren, habe sie verdächtigerweise nach dem Liebhaber benannt.

Über Wolfgang wird gemunkelt, er habe sein Herzensweibchen nach Strich und Faden hintergangen, es mit seiner minderjährigen ersten Pamina, Anna Gottlieb, getrieben und zuletzt seine Klavierschülerin Magdalena Hofdemel geschwängert. Deren Mann habe dann, direkt nach Mozarts Tod, die Gemahlin mit scharfer Klinge entstellt und sich umgebracht.

Wien war und ist die Hauptstadt der *fama*, des Ruhms und des Gerüchts. Und irgendwann weiß keiner mehr, was erwiesene Tatsachen sind und was Spekulationen.

Sicher ist nur eins: *semper aliquid haeret*. Und das Haus »Zum Auge Gottes« ist der symbolische Ort für diesen Mechanismus. Von den Räumlichkeiten, die Constanze Weber und der später so prominente Untermieter bewohnten, steht keine Mauer mehr, auch wenn eine Gedenktafel an der Fassade vorgibt, es handele sich nach wie vor um diesen Bau, der einmal durch Mozarts Anwesenheit geadelt worden ist.

Nein, in dem heutigen Gebäude hausen keine Frauen, über die Männer sich das Maul zerreißen, hier gibt es ein anderes Problem: Man sagt, hier werde das weibliche Geschlecht ausgegrenzt, zumindest im Parterre, wo sich seit hundert Jahren der *Club Gutruf* befindet.

»Eintritt nur nach Aufruf«, verkündet ein Blechschild, das zwischen einem Trödelmarktangebot von ausgetrunkenen Flaschen, Vasen, stehen gebliebenen Uhren, leeren Whisky-Kartons und Fotos männlicher Gäste an der Wand prangt. Und viele meinen, es beziehe sich hauptsächlich auf die Damen. Das ebenfalls aufbewahrte Schild »Wir müssen draußen bleiben« gilt den meisten in dem Zusammenhang aber wohl doch als zu unhöflich. Und obwohl aus den Töpfen und Pfannen des Inders Bernhard Chung, Mitinhaber und Chefkoch, Wohlgerüche aufsteigen, ist es vor allem der Dunst aus der Gerüchteküche, der den Gelangweilten vor der Tür des *Gutruf* so angenehm kitzelnd in die Nase steigt.

So weit zumindest der schlechte Ruf des *Gutruf*, der leicht schmuddelig ist wie die Gardinen in den hässlichen Fenstern.

Woher das kommt?

Bevor das Mobiltelefon Verfolgungsjagden erleichterte, hat sich die angeblich frauenfeindliche Haltung der Stammgäste an simplen Details verraten. Ging damals das Telefon im überfüllten Lokal, fragte Wirt Rudi Wein, genannt Rotwein, ehe er abhob, in die Runde: »San alle da?« Umgehend machte sich bemerkbar, wer offiziell andernorts weilte, von der Gattin nicht aufgespürt und mit der Schicksalsfrage »Wann kommst du heim?« jeder Gemütlichkeit beraubt werden wollte.

»Nicht treuer, aber anhänglicher sind die Frauen als wir«, hat Arthur Schnitzler gestöhnt und damit vielen Wiener Geschlechtsgenossen aus der bedrückten Seele gesprochen. Langsam, aber sicher hatten nämlich die Frauen die Fluchtburgen der Männer erstürmt, die Bars, die Beisln und

vor allem die Kaffeehäuser. Und sie hatten, glaubt man den Verfolgten, angeblich das unmöglich gemacht, was Männer in solchen Etablissements suchen: jenes absichtslose Dümpeln, die absolute Zweck- und Ziellosigkeit ihres Aufenthaltes.

»Die Frauen haben«, behauptet Otto Friedländer, 1889 in Wien geboren, »diesen Zauber aus dem Kaffeehaus vertrieben. Sie haben es natürlich erobert. Das lag ja unvermeidlich im Geist der Zeit. Seitdem sich die Frauen emanzipiert haben, lassen sie die Männer gar nirgends mehr allein – nicht mehr im Kaffeehaus, nicht mehr beim Sport, nicht mehr im Beruf. ... Das Kaffeehaus war einmal wie der Vatikan eine Männerwirtschaft: prächtig, unbequem, schlampig, eine Domäne männlichen Geistes und männlicher Einsamkeit. Was wäre der Vatikan, wenn da plötzlich Frauen etwas zu reden hätten! Es ist derselbe Geist, der gegen Klöster und den Zölibat kämpft, der die Frauen ins Kaffeehaus eindringen läßt – der Geist der Entweihung, der keinen *jardin secret* mehr respektiert.«[28]

Gustav Gugitz, 1938 bis 1945 Angestellter der Wiener Staatsbibliothek, erschien die Frauenfront noch vergleichsweise harmlos, ihn ängstigte die »Verjudung«. Im Jahr 1940 gelang es ihm, ein Buch über das Wiener Kaffeehaus herauszubringen, in dem die berühmten jüdischen Kaffeehausstammgäste von Schönberg bis Altenberg, von Hofmannsthal bis Friedell, von Kraus bis Mahler mit keinem Wort erwähnt werden, den Juden aber zum Ausgleich die Zersetzung und Vulgarisierung wahrer österreichischer Kaffeehaustradition angelastet wird. Daher entlastete er, mehr *nolens* als *volens*, die Frauen; lieber noch ein weibliches als ein jüdisches Publikum. Die Sehnsucht nach den Zeiten, wo die Reservate noch verschont waren vom Parfum der Frauen, konnte allerdings auch er nicht unterdrücken: »Bis 1840 wäre eine Frau in einem Wiener Kaffeehaus eine glatte Unmöglichkeit gewesen, außer in den Sommerzelten.« Doch ein zugewanderter Italiener namens Taroni und kurz darauf ein Nachahmer namens Neuner unterwanderten diese vermeintlich festgemauerte Tradition und führten Damensalons ein. Bis dahin war die Sitz-Kassiererin die einzige Frau im Kaffeehaus gewesen, eine umgockelte Henne im Korb, und das änderte sich nur zögerlich. »Im Jahre 1853 konnte man zwar in diesen Damensalons«, so Gugitz, »manche Schöne schon eine Tasse Mokka schlürfen sehen«, doch seien das Einzelfälle gewesen.[29] Ihm wäre wohl ein Damenkränzchen im Haus »Zum Auge Gottes« lieber gewesen als der *Club*

BISS STATT KUSS:
Im Gutruf wird gelästert, nicht gebusserlt. König im Club der scharfen Zungen ist Teddy Podgorski, ehemals Intendant des ORF, hier observiert von der abgeklärten Wirtin Brigitte.

Gutruf. Der Club im *Gutruf* war von jeher ein Objekt feindlicher Übernahme gewesen. Als er nach dem Ausscheiden von Gründer Gutruf einem gewissen Hannes Hofmann gehörte, der in sich antisemitische, faschistoide und opportunistische Neigungen harmonisch vereinte, war in den 1960ern und 70ern das Stammpublikum nämlich alles, was er nicht ausstehen konnte: unangepasst, aufmüpfig, lasterhaft, was Staat, Kirche und Ordnung betraf, und selbstverständlich jüdisch durchsetzt. Der Club hatte sich eingenistet im Hinterzimmer eines sogenannten Delikatessenladens, der nur Undelikates verkaufte – eingedost oder in Flaschen gefüllt, größtenteils englisch und garantiert unfrisch. Der ideale Ort, um eine Gerüchteküche zu eröffnen, in der täglich frisch gekocht wurde.

»In der Goldenen Zeit«, sagt Thaddäus Podgorski, Kronzeuge seit 1959, »gab es so etwas wie eine *Gutruf*-Ideologie.« Kurz gefasst lautete die: Jagt den koalierenden großen Parteien einen Stachel ins Gesäß, bevor sie koitieren. »Die waren im Zungenkuss erstarrt«, sagte er.

Uneingeweihte allerdings verstanden diese *Gutruf*-Ideologie und ihren Wortschatz erlesener Bosheit noch in den 1970er Jahren nicht. Und einer, der wie Teddy Podgorski in wenigen Jahren seine Goldene Hochzeit mit dem *Gutruf* feiern wird, die stabilste Liaison seines Lebens also, gibt offen zu, dass das Prinzip *Gutruf* schwieriger zu verstehen ist als Keilschrift. Er war bereits mit 24 dem *Gutruf* hörig und bekam Entzugserscheinungen, wenn er einen Abend nicht dabei war, während im *Gutruf* das abging, was für die Anwesenden schärfer war als jede Form sexueller Vergnügungen, manchmal so scharf wie ein Fallbeil. Denn hier wurde gerichtet und hingerichtet. »Da waren vielleicht zwanzig Leute. Und es war schwer, überhaupt irgendwie zu Wort zu kommen«, stöhnt Podgorski noch Jahrzehnte später. »Aber wenn man es geschafft und dann eine schlechte Pointe hatte … oder gar keine, dann war das wie ein Todesurteil.« Das Publikum war damals bereits »merkwürdig«, wie Kronzeuge Podgorski sagt, des Merkens würdig: traum- und nikotinsüchtige Dichter wie H. C. Artmann, spottleuchtende Medienleute vom ORF und denjenigen Presseorganen, die manche gerne für immer operativ entfernt hätten, Existenzen wie Renzo Vianello, Neffe des Patriarchen von Venedig, ein erlesener Dandy und, wie Teddy versichert, »ein feiner Kerl«, der Udo Proksch den Kauf der *Lucona* vermittelte, der damalige Polizeipräsident und natür-

TRUMPF FÜR DIE MÄNNERRUNDE:
Frauen haben Zutritt, gelten allerdings nicht als überlebensnotwendig.

lich Helmut Qualtinger, von Freunden Quasi genannt und als Platzhirsch neidlos anerkannt, obwohl er nicht über spontanen Witz, sondern vor allem über Bissigkeit mit Retardwirkung verfügte.

Kein Wunder, dass es hieß, der *Gutruf* sei nicht allein frauenfeindlich, er sei auch kommunistisch, mafiotisch, korruptionsfördernd, autoritätszersetzend und rufmörderisch. Man nannte den *Gutruf* eine Brutstätte der Intriganz und der Amoral, etwas, das natürlich Journalisten anzog. Auch deutsche von feinen Blättern wie einen Redakteur des ZEIT-Magazins.

Ob dieser etwas wusste vom Besitzer des Clubs, Hannes Hofmann? Ob er gehört hatte, dass die uneingeschriebenen Clubmitglieder ihn »angeschaut haben wie einen Menschenfresser«, so Podgorski, wenn er seine Ansichten kundtat über die Juden, die Jugend, die Kommunisten und andere Schwerkriminelle? Zumindest hatte ihm wohl keiner verraten, wie man im Club mit dem Chef umging: »Wir haben ihn meistens hinausgeschmissen aus seinem eigenen Hinterzimmer, weil die Gänsehaut programmiert war bei allem, was er gesagt hat. Aber trotzdem haben wir ihn uns gehalten wie einen Waran, wie ein giftiges Reptil.« Möglicherweise aber war zu dem beflissenen ZEIT-Schreiber durchgedrungen, der Chef des *Club Gutruf* habe als Vorbild für Qualtingers Herrn Karl gedient, jene Ikone des gemütlichen Faschisten, des österreichischen Kleinbürgers, der herausgebacken im Fett der Selbstzufriedenheit so richtig schön knusprig braun geraten ist.

Jedenfalls betrat der Wahrheitssucher politisch korrekt gekleidet in der Panzerweste ethischer Verantwortlichkeit das verrufene Etablissement. Und siehe da: Es war ein Glückstag. Der Zufall lieferte ihm umgehend Beweismaterial dafür, dass in Wien der Antisemitismus blühte wie im Mai die Kastanienbäume im Prater:

Da kommt ein Typ, groß, vergnügt, mit schnittigem Sakko und süffisanter Miene in den *Gutruf* und begrüßt einen gebrechlichen Mann, der still und offenbar körperlich schwer malträtiert mit gesenktem Blick hinten am Kachelofen klebt: »Servus, blinder Jud.«

Und was entgegnet der Andere? »Oida Schlachter, defensiver.«

GUTE KARTEN: *Wer im Gutruf verkehrt, spielt im Leben Wiens eine Rolle — auch nach der Pensionierung.*

Mag sein, dass der Journalist wusste, was dieser Ausdruck bedeutet. Dass die Mitglieder der gefürchteten Geheimpolizei in Polen so genannt wurden, die nach 1945 die Räume und Methoden der Gestapo übernommen hatten. Jedenfalls wusste der Held aus Hamburg nicht, was Schmäh bedeutet. Und so beschließt der edle Ahnungslose, Zivilcourage zu beweisen und auf brisantem Terrain gegen den bekennenden Antisemiten vorzugehen, der interessanterweise ein hohes Tier beim ORF sein soll und Podgorski heißt.

Das gibt eine Geschichte, mit der man sich sehen lassen kann. Der Journalist stellt den Schmähredner und erklärt ihm, er werde ihn anzeigen. Volksverhetzung ist schließlich ein klar umrissenes Delikt.

In diesem Augenblick öffnet sich die Tür des *Gutruf* erneut, und der nächste Stammgast tritt ein. »Da kannst es gleich erledigen«, fordert ihn Podgorski freundlich auf. »Das ist unser Polizeipräsident.« Und dann setzt er sich wie üblich zu dem Mann am Kachelofen, einem gewissen Hans Fürnberg, den sie in Auschwitz halb tot und ganz blind geschlagen hatten und der von den anderen im *Club Gutruf* durchgefüttert und vor allem durchgetränkt wird.

Wahrheit? Erfindung? Gerücht? Das in diesem Haus »Zum Auge Gottes« voneinander zu scheiden, ist eine Übung für Fortgeschrittene. Gutrufianer unter sich erledigen das allerdings sehr viril nach Western-Manier. Es ist ja recht, wenn Piefkes und andere Außenstehende nicht wissen, wie sie dran sind.

Eine andere Geschichte von Teddy Podgorski, damals noch simpler Redakteur beim ORF: Als ihm 1967 zu Ohren kommt, Helmut Zilk werde dort Programmdirektor, also sein Vorgesetzter, will er das nicht glauben. »Seids deppat? Des Oaschloch? Der Trottel?«

Helmut Zilk wird 1967 Programmdirektor. Damit aber nicht genug: Zilk wagt es auch noch, in Podgorskis Intimregion, den *Gutruf*, vorzudringen und sich von jenem beim Achterl erwischen zu lassen. Offenbar bereits entschlossen, hier Stammgast zu werden, geht Zilk den Untergebenen offen an: »Ich hör, Sie sagen, i bin a Trottel und a Oaschloch!«

Podgorski ehrlich: »Jo i woaß ned, warum i des leugnen soll – es is mei Überzeugung.«

Darauf streckt ihm Zilk die Rechte entgegen. »Samma per du.«

So einer prädestiniert sich dafür, im *Gutruf* gnädig aufgenommen zu werden. Und dass 1972, noch während der Zilk-Ära, kein anderer als Podgorski Chefredakteur wurde, beweist, dass der *Gutruf* funktioniert. Warum und wie ist nicht zu erklären, schließlich entzieht sich dieses Establishment ohnehin den gängigen Definitionen.

Der *Gutruf* ist weder ein Kaffeehaus noch ein Beisl noch ein Club im engeren Sinn, denn er heißt nur so, damit der Wirt von der Tür weisen kann, wen er nicht leiden kann. Die einzig mögliche Kategorisierung: Der *Gutruf* ist ein Mysterium. Keiner kann sagen, warum die Menschen, die männlichen jedenfalls, dort hineindrängen, denn nicht einmal die ausgezeichnete Küche des Bernhard Chung, weder sein Dim Sum noch sein Erdäpfelgulasch mit Burenwurst oder sein Kalbsnierenbraten, können die Stapel aus Plastikschüsseln neben dem Tresen, den Kunststoffboden mit grünrotem Blumenmuster, die schottenkarierten Acryldecken auf den Tischen oder die angeschmuddelten moosgrünen Velourspolster vergessen machen. Uneingeweihten scheint es völlig unverständlich, was die Attraktion dieses Establissements ausmacht und dass Podgorski seine anfängliche Leidenschaft dafür als »Raserei« bezeichnet. Dennoch wurde, als in den 1990ern das Gerücht umging, ein Nachtclubkönig wolle den *Gutruf* kaufen, die Aktion zur Rettung des *Gutruf* mit aller Präzision durchgeführt. Podgorski, zwei andere Stammgäste und der Koch aus Assam übernahmen das Lokal, bewahrten sich und anderen damit die wahre Heimat und Wien jenes Stück Kultur, das darin besteht, den Schmäh zu pflegen. Etwas, das sich so wenig definieren lässt wie der *Gutruf*. Das Wort hat nichts mit schmähen und Schmach zu tun, es kommt vielmehr aus dem Jiddischen, von *schema*, dem ersten Wort des jüdischen Glaubensbekenntnisses, das bedeutet: »Höre!« Gezeugt wurde es von den einfachen Leuten, den Prostituierten und den Fiakerkutschern, den Wäscherinnen und Hausangestellten, und ursprünglich hatte es dazu gedient, Überdruss gegen die Wichtigen, Mächtigen und Geldigen so auszudrücken, dass keiner einen belangen konnte. Eine Gegensprache zur offiziellen Sprache. Es waren Literaten, Musiker und Theaterleute, die dem Schmäh die Tür zu den Weihehallen der Hochkultur öffneten: Ferdinand Raimund und Arthur Schnitzler, Joseph Roth, Karl Kraus und Roda Roda, Hans Moser und Paul Hörbiger.

WIENER GARDINE: *Kenner hält das Äußere des Clubs nicht ab, sich nach dem Inneren zu sehnen wie nach Mutters Topfenstrudel.*

Der Hohepriester des Schmähs aber wurde zweifelsohne Helmut Qualtinger, zugleich ungekrönter König des *Gutruf*, der damit zum Königreich des Schmähs aufstieg. Der Schmäh ist die undurchsichtigste Weise, sich auszudrücken. Um mit Karl Kraus zu reden: »Man kann eine Frau nicht hoch genug überschätzen.« Und wenn Teddy Podgorski mit blinkenden blauen Augen erklärt: »Der *Gutruf* war und ist nicht frauenfeindlich, nur ehefrauenfeindlich«, dann ist nur eines klar – der Schmäh lebt. Besonders im Parterre des Hauses »Zum Auge Gottes«, das hiermit doppelt denkmalswürdig wird.

Es muss einfach in Zeiten der Effizienz und Transparenz noch Menschen und Orte geben, wo keiner weiß, wie er dran ist. Gerade in Wien, der letzten Metropole konsequenter Unübersichtlichkeit.

Club Gutruf, Petersplatz, im Haus »Zum Auge Gottes«, Milchgasse 1, 1010 Wien
Tel. 01 / 5 33 95 62
Öffnungszeiten: Montag bis Freitag 9–23.30 Uhr, Samstag 9–18 Uhr, Sonntag zur Rettung der Ehen geschlossen
Der Grund hinzugehen: Dass reelle Chancen bestehen, dort lebende Originale wie Teddy Podgorski zu treffen. Oder, umweht vom Genius loci, dessen Buch über *Die große Illusion* (Verlag Bibliophile Edition) zu lesen, dessen Humor dem Leser allerdings schwarze Finger beschert.

HERZ UND HERZLOSIGKEIT: *Der Stephansdom, errichtet im 12. Jahrhundert, ist das Herz der Stadt. In der Herzogsgruft werden dort in kupfernen Urnen die Eingeweide der Habsburger aufbewahrt, die Herzen jedoch befinden sich in der Augustinerkirche und die Körper in der Kaisergruft der Kapuzinerkirche.*

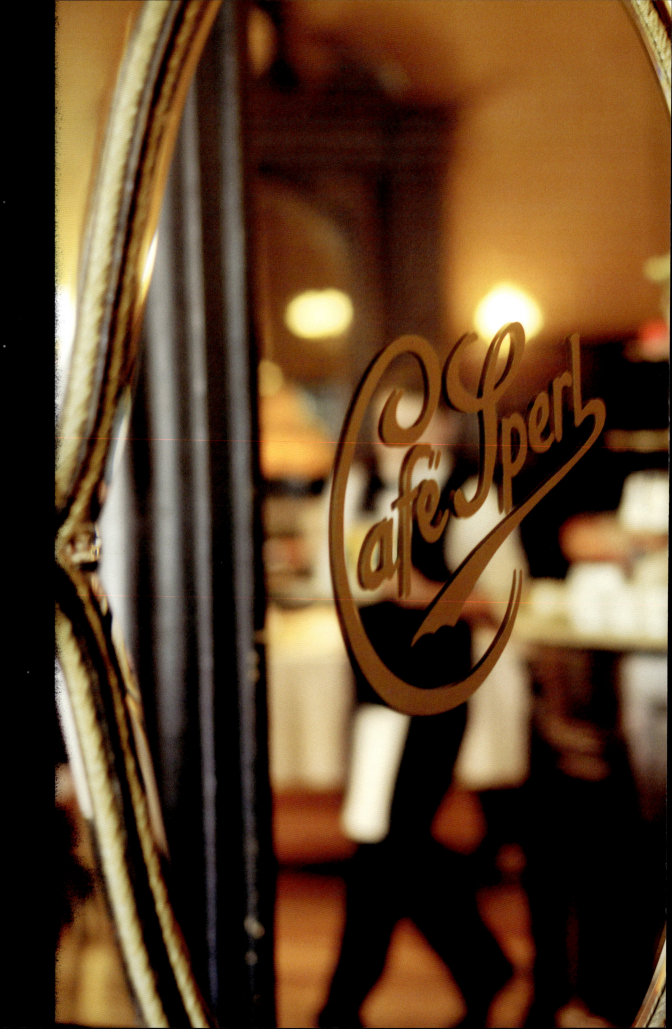

Café Sperl

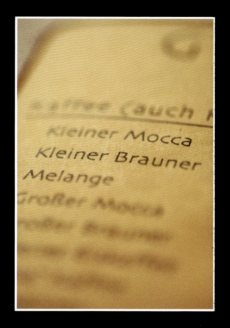

Café Sperl oder
Das Geheimnis der Friedlichkeit

UNTER STROM: *Nur die Beleuchtungstechnik, nicht die Beleuchtungskörper wurden im »Sperl« verändert. Für die Wahrung der Tradition sorgt rastlos rund um die Uhr Inhaber Manfred, genannt Freddy Staub.*

Von Prügelszenen im Kaffeehaus ist fast nie die Rede. So etwas erledigt man in Wirtshäusern. Und auch ein verbaler Schlagabtausch hat im Kaffeehaus leise vor sich zu gehen, damit Unbeteiligte über ihrem Braunen und ihrer von welcher Farbe auch immer geprägten Zeitung im Nichtstun dahindämmern können. Das hört sich selbstverständlich an, ist es aber nicht immer. Nirgendwo weiß man das besser als im *Café Sperl*.

Die Familie Sperl, deren Namen das Traditionshaus, 1880 erbaut, nach wie vor trägt, hat allerdings wenig davon gewusst, denn sie übernahm das Café vom Gründer Jakob Ronacher schon im Dezember 1880 und verkaufte es bereits vier Jahre später wieder. An Adolf Kratochwilla, der eine Dynastie begründete, die sich den Kaffeehausfriedenspreis ans Revers stecken kann. Sie hielt durch bis 1968.

»In dem Jahr bin ich«, sagt der heutige Besitzer Manfred Staub, »nach einem Skiunfall mit einem eingegipsten Bein ins *Sperl*, weil's geheißen hat, es steht zum Verkauf. Und ich wollte endlich was Eigenes. Meine Eltern haben immer gemietete Kaffeehäuser hochgebracht, und kaum waren sie oben, haben die Besitzer gekündigt und selber weitergemacht.« Die Besitzerin des *Sperl*, selbst gehbehindert und humpelnd, empfand mit dem Leidensgenossen sofort Empathie und überließ ihm ihr Etablissement. Sie hieß Hilde Kratochwilla und war die Witwe von Adolf Kratochwilla junior. Mit dem Besitz übergab sie dem jungen Staub auch die Last der Verantwortung.

Auch heute hört es sich gut an, wenn es heißt, ein Lokal sei Lieblingstreffpunkt der Stars aus Film und Fernsehen. Aber dieser Ruhm bedeutet Arbeit, denn Stars haben Starallüren und Schauspieler spielen auch dann, wenn sie nicht dafür bezahlt werden. Ihr Bedürfnis, im Mittelpunkt des Interesses zu stehen, wird ja nicht mit den Schweinwerfern abgestellt. Und genau damit hatten von jeher Freud und Leid des *Sperl* zu tun, wo zum Beispiel Alexander Girardi Stammgast war, Publikumsliebling der Kaiserzeit, gegen den ein Mann wie Brad Pitt ein Niemand ist, auch was die Dramatik des Ehelebens angeht. Girardis Gattin Helene Odilon hatte aus ihren Seitensprüngen eine olympische Disziplin und damit aus ihrem Mann ein Nervenbündel gemacht und wollte ihn schließlich ins Irrenhaus deportieren lassen, um ihn ganz sicher los zu sein – ein Schicksal, dem er nur durch einen weißen Theaterbart, Greisenperücke und einen Hinterausgang entkam.

Solche Gäste wollen offiziell nicht gesehen, inoffiziell aber doch erkannt werden – gerade bei Girardi, dem bekanntesten Mann des Kaiserreichs, war das eine heikle Übung. Schließlich war er mit dem flachen, nach ihm *Girardihut* benannten, Deckel auf dem Kopf, einem Pelzmantel am schlanken Leib, ein Stöckchen wirbelnd und eine Zigarette mit weißer Papierspitze zwischen den Lippen, nicht eben unauffällig und nicht eben bescheiden. Als er neben dem Kaiser in dessen Urlaubsort Bad Ischl spazieren ging, hätten sich die Leute alle gefragt: »Wer ist denn der alte

RECHTS | BODENHAFTUNG: *Das »Sperl« will keine prominenten Künstler als Gäste — deswegen hat es sie.*
FOLGENDE DOPPELSEITE | INSPIRATION AM EINZELTISCH: *Das Kaffeehaus als Arbeitsplatz.*

Herr in Uniform neben dem Girardi?«, hieß es. Diese Geschichte hatte, wie viele dieser Art, Girardi selbst verbreitet, was verdeutlicht, wie diffizil solch ein Gast im *Sperl* zu behandeln war.

Dem Café seine behagliche Friedlichkeit zu bewahren, war nie leicht gewesen. Schon gar nicht am Anfang, als nebendran noch die K. u. K. Kriegsschule lag. Da führten die jungen Kadetten zwar gern mal vor, wie perfekt sie ballistische Kurven zeichnen konnten, lieber aber hätten sie ihr Geschützfeuer auf die anwesenden Künstler gerichtet, aus Kadettensicht gefährlich Verrückte, die hier im *Sperl* ebenfalls Hausrecht beanspruchten. Diese Kerle kritzelten und malten Gesichter, Figuren und Muster, Tiere, Fantasiegebilde und Monstren, die für das geordnete Weltbild eines Militärs, ob Kadett oder General, reine Perversionen darstellten. Wenn unbefangene *Sperl*-Besucher an einem Tisch stehen blieben und sagten: »Das sind ja echte Genies!«, dann standen sie mit Sicherheit bei den Kadetten, nicht bei den Verrückten. »Genietisch« hieß ohnehin immer nur der von Girardi und »Artillerietisch« der von den Kriegern. Die jungen Künstler nannten sich *Hagengesellschaft*, bevor sie sich hier im *Sperl* zusammenrotteten, war ihr Treff-

punkt nämlich die Wirtschaft *Zum Blauen Freihaus*, Gumpendorferstraße 6, gewesen, die einem kunstliebenden Wirt namens Josef Haagen gehörte. Das eine a ließen sie dann weg, nicht aber den Namen, denn ihr neuer Wirt hätte sie zur Kratochwilla-Gesellschaft werden lassen, was sich mühsam buchstabiert hätte.

Trotz der eingängigen Bezeichnung: Die Künstlergruppe, aus der später der *Hagenbund* wurde, ist heute nur noch Kunstkennern bekannt, denen die Namen von Malern wie Karl Fahringer, Maximilian Lenz und Eduard Kasparides oder Architekten wie Josef Beyer und Robert Oerley noch etwas sagen. Dem Herrn Staub vom *Café Sperl* sagten sie allerdings auch etwas, denn seinen Vorgängern, den Kratochwillas, hatten diese Herren zwar Scherereien eingehandelt, aber schließlich doch etwas Ruhm. So etwas vergisst man nicht.

Kreativität war ja schon immer gefragt. Aber die meisten Mütter und Väter mögen es trotzdem nicht, wenn Kinder auf Wände oder Tische malen. Kaffeehausbesitzer mögen es auch nicht, aber leider sind sie nicht erziehungsberechtigt. Genau das wurde für Herrn Kratochwilla zum Problem. Diese Kreativen von der Hagengesellschaft nämlich krakelten und zeichneten jeden Tag auf die schöne weiße

GEPFLEGTE ANACHRONISMEN:
Die antiken Karambole-Billardtische und das Handyverbot im »Sperl«.

Marmortischplatte. Und das schmerzte den Chef doppelt. Erstens musste die Putzfrau jeden Abend kräftig schrubben, um alles wieder zu entfernen, und zweitens ließ er täglich Kunstwerke vernichten. Das soll einer aushalten. Doch Herr Kratochwilla war ein praktischer Psychologe, er fand für die geschändeten Marmorplatten eine Lösung: große Packen Papier und eine Ledermappe, kombiniert mit einem Dekret, das die Benutzung der Marmortischplatte zu künstlerischen Zwecken unter Strafe stellte.

Leider malen Kinder, auch wenn es verboten ist und Papier vorhanden ist, oft lieber auf die frisch gestrichene Wand. Und Herr Kratochwilla war klug genug, zusätzliche Anreize zur Schonung der Tischplatte zu schaffen: Für die Werke auf Papier gab es Preise. Erster Preis: ein Glas Kaffee – also ein Einspänner – und zwei Kipferln. Das Ergebnis dieser pädagogischen Meisterleistung waren zwei pralle Konvolute mit Zeichnungen, die ehrenvollerweise in der *Albertina* aufbewahrt werden.

Auch die Angriffslust der Militärs wusste er zu dämpfen: Eingedenk der nie erlöschenden Sehnsüchte erwachsener Männer nach kindlichen Abenteuern hatte er das *Lagerfeuer* im Café erdacht: So hieß ein starker Likör, der brennend serviert wurde und selbst die Generäle am Artillerietisch dahinschmelzen ließ.

Die Schlichtertätigkeit des Herrn Kratochwilla wurde jedoch weiterhin gefordert. Es fing damit an, dass sich ein zweiter Künstlerverein in dieser abspaltungslüsternen Ära bei ihm niederließ, der sogenannte *Siebenerclub*, der mit den Hagenleuten nur eines teilte: Sie waren gegen das, was die anderen machten. Aus diesem *Siebenerclub* ging die ruhmreiche *Secession* hervor, deren heute bewundertes Gebäude von Joseph Maria Olbrich damals freilich weniger gnädig beurteilt wurde: Der Bau sehe aus wie ein »Tempel für Laubfrösche«, die Kuppel wie ein »Goldnes Krauthappl«, zu Deutsch: ein goldener Kohlkopf.

Hart wurde es für den Kunstfreund, als biedere Bürger mit dem Parteibuch der NSDAP im *Sperl* auf Künstler trafen, die laut Hitler entartet waren, und auf die Wiener Operettenprominenz, die zum Großteil jüdisch war oder politisch links, manchmal auch beides. Emmerich Kálmán riskierte es, bis 1938 zu bleiben, vielleicht weil er sich nicht vom *Sperl* trennen konnte, Franz Lehár, verheiratet mit einer Jüdin, zog sich ausgerechnet nach Bad Ischl, in den Nazi-Schrebergarten, zurück, wo er mit seinem Ruhm das Leben seiner Frau schützen konnte. Was ihnen blieb vom *Sperl*, ist die Erinnerung an das wärmende Lagerfeuer, in dessen Schein sie glücklich waren.

Angesichts der sehr saloppen Achtundsechziger auf den Kaffeehaussesseln schwärmte eine altgediente Kellnerin, die Manfred Staub übernahm: »Der Herr Lehár, mein Gott, was war das für ein eleganter Gast.«

Die Gäste, die sich seither artig ins Gästebuch eintragen, sind von unterschiedlicher Eleganz, aber anscheinend von großer Friedlichkeit. Man könnte meinen, der Chef des *Sperl* habe es einfach. Einer wie Ernst Fuchs zeichnete unentgeltlich ein altmeisterliches Selbstporträt ins Buch, auch

Künstler Peter Pongratz lieferte unaufgefordert zum Autogramm ein psychologisch höchst aufschlussreiches buntes Bild von sich.

Und ein Mann namens Araki verewigte sich ebenfalls mit einem Selbstbildnis. Er habe allerdings keine Ahnung, was das für einer sei, dieser Araki, gesteht Herr Staub. Prominent müsse er sein, denn er sei nur ein kurz gewachsener, wenig schöner, älterer Japaner, könne sich aber die Begleitung von zwei sehr jungen, sehr hübschen Mädchen leisten. Die Aufklärung, Araki sei ein Fotograf, den seine Aktfotos von verschnürten weiblichen Körpern, meist sehr jungen und sehr hübschen, berühmt gemacht hätten, nimmt Herr Staub gelassen zur Kenntnis. »Manchmal«, sagt er, »ist es ganz gut, wenn man nicht alles weiß.«

Auch das ist eine Methode, im *Sperl* den paradiesischen Frieden zu erhalten, zumal der Erhalt der Einrichtung schon mehr als genug Zeit, Geld und Einsatz kostet.

»Die Gäste zeichnen zwar nicht mehr auf die Marmortische«, sagt Manfred Staub, »aber sie setzen sich so auf die Stühle, dass ich sie dauernd zu meinem Tischler gegenüber zum Reparieren tragen muss.« Schließlich handele es sich bei diesen Bugholzmöbeln um Originale von Kohn und Thonet, nach denen jeder Antiquitätenhändler gibbert. Auch die Jeans mit zu vielen Nieten oder Schuhe auf der Sitzfläche könnten den Kaffeehausfrieden im *Sperl* gefährden, denn sie ramponieren die teuren Polsterstoffe in Rot und Rhesedagrün, so dass eigentlich wieder ein strenges Verbot angesagt sei. »Aber ich hab' das Glück«, lächelt der friedliebende Chef, »dass es die Firma, die 1880 den Stoff geliefert hat, noch immer gibt – Backhausen heißt sie –, und die hatten noch die alte Karte für unseren Jacquard. Die Muster konnten zwar von den neuen Webstühlen nicht mehr gelesen werden, aber die Backhausens haben sie übersetzt, und jetzt funktioniert sie.«

Das gehört für *Joh. Backhausen & Söhne*, ehemaliger k. u. k. Hoflieferant, zum Service und zur Imagepflege, denn auf diese Weise erzählt der *Sperl* nicht nur von *Hagengesellschaft*, *Hagenbund*, *Siebenerclub* und *Secession*, sondern liefert auch handgreiflichen Stoff zu den *Wiener Werkstätten*, 1903 gegründet, um die Objekte des alltäglichen Lebens schnörkelbereinigt schöner zu machen. Was Josef Hoffmann an geometrischen oder Kolo Moser an floralen Mustern entwarf, webte *Joh. Backhausen & Söhne*. Und sie weben nach wie vor so erfolgreich, dass sie sich jetzt *interior design GmbH* nennen. Deswegen macht es Herrn Staub nicht mehr nervös, wenn ein Ignorant Asche auf seine Polster bröselt oder die Jeans zu viele Nieten haben.

Der Geist der Gelassenheit durchweht den *Sperl* so intensiv wie der Duft des Kaffees, Hausmarke *Sperl*. Und das ist auch heute noch nötig, denn passieren könnte theoretisch immer etwas, wenn man streitbare Gäste hat wie den Bühnen-Wüstling Paulus Manker oder den Wortfechter Robert Menasse, durch den die Leserbriefabteilungen aller Zeitungen und Magazine, für die er schreibt, beschäftigt werden.

»Der sitzt immer da hinten, am zweitletzten Fenstertisch«, sagt Herr Staub. Und rechts oder links daneben kann durchaus einer dieser Leserbriefschreiber Platz nehmen, die erklärt haben: »Für Beschmutzung des eigenen Nests hat die überwiegende Mehrheit unseres Landes überhaupt kein Verständnis.« Denn selbst wenn solch einer dieser letzten Aufrechten den Herrn Menasse erkennen sollte, wird nichts passieren. Dafür garantiert der *Sperl*. Dort weiß man, wann und welche Verbote notwendig sind zur Friedenssicherung. Auf dem Tresen, direkt gegenüber dem Eingang, steht im geschnitzten goldenen Rahmen unüberlesbar: »Bitte kein Handy«.

Café Sperl, Gumpendorfer Straße 11, 1060 Wien
Tel. 01/5 86 41 58
www.cafesperl.at
Öffnungszeiten: Werktags 7–23 Uhr, Sonntag und Feiertag 15–23 Uhr.
Im Sommer Sonntag Ruhetag
Der Grund hinzugehen: Der Appetit auf die Stilreinheit.

Stoffmuseum der Backhausen interior design GmbH, Schwarzenbergstraße 10, 1010 Wien
Tel. 01/5 14 04, Fax 01/5 14 04-45
www.backhausen.com
E-Mail: vienna@backhausen.com
Öffnungszeiten: Montag bis Freitag 9.30–18.30 Uhr, Samstag 9.30–17 Uhr

WIENS LUSTVOLLE KREISE: *Rings ums Riesenrad regiert amerikanische Elektronik im Fast-Food-Dunst, während im Lusthaus in der nahen Freudenau noch die österreichische Küchentradition regiert.*

Lusthaus

Lusthaus oder
Die Logistik des Feierns

DER KUNST GEWEIHT: *Dem Lusthausherrn Dr. Helmut Raftl, eigentlich Jurist, ist es wichtig, dass dieses Etablissement auch Lust macht. Seine Schwiegertochter, die Künstlerin Nina Lang, setzte Akzente und den ehemals dachbekrönenden Hirschen eine rote Krone auf.*

Wenn ein Lokal namens *Lusthaus* auch noch in der Freudenau liegt, kommt fast jeder auf indiskrete Gedanken. Zumal am Praterstern, auf dem Weg dort hinaus, nach wie vor käufliche Mädchen und Frauen stehen. Und der erste Anblick des Pavillons mit seinen Terrassen, umstanden von Kastanienbäumen, scheint solche Vermutungen zu bestätigen. Erst recht, wenn die Kastanien in der Blüte stehen und ihren eigentümlich schweren Duft verströmen. Ein Zweckbau kann das niemals gewesen sein, und es wird schon seine Gründe haben, dass er im Abseits liegt.

Wer dann das Lusthaus betritt, ist ganz sicher, hier in das ehemalige Liebesnest der Monarchen einzudringen, auch wenn durch das Café-Restaurant Kleinkinder purzeln. Doch sieht man genauer hin, haben die stark ramponierten Fresken im lichten Saal des Parterres gar nichts Würdig-Repräsentatives. Da entdeckt man Ganymed, den minderjährigen Mundschenk und sicher auch missbraucht als Lustknabe des olympischen Hausherrn Zeus, und den bocksbeinigen Pan, Symbolgestalt der ungezähmten Gelüste, immer auf der Jagd nach Frauen, die er zu vergewaltigen sucht. Der Erbauer dieses Lusthauses war Kaiser Joseph II. Und wer sich daran erinnert, dass dieser Mann zweimal an eine Ehefrau geraten war, die er nicht anfassen wollte, kann sich dieses *Lusthaus* in seiner Fantasie sicher als erotische Fluchtburg vorstellen. Zuerst hatte Maria Theresia ihren Sohn Joseph aus politischen Gründen an die sensible, depressive, lesbisch veranlagte Isabella von Parma verheiratet, die schließlich von Wahnvorstellungen gepeinigt wurde, eine Totgeburt hinter sich brachte und bald an Pocken starb. Danach war dem Thronfolger die Bayernprinzessin Josepha aufgenötigt worden, eine Frau mit verwahrlosten Zähnen und einem formlosen Körper, die er begreiflicherweise »unerträglich« fand. »Man verlangt, dass ich Kinder zeuge«, beschwerte er sich, »aber wie soll ich das anfangen? Wenn ich nur eine Fingerspitze auf eine winzige Stelle ihres Körpers setzen könnte, die nicht von Pickeln bedeckt ist, würde ich versuchen, ein Kind zu zeugen.«[30] Offenbar fand er keine, denn die Ehe blieb kinderlos. So einer braucht ein *Lusthaus*, und in diesem hier wäre er genügend weit weg von seiner Mutter gewesen, die Ehebrecher in Wien von einer Sittenpolizei bespitzeln ließ.

Die Wahrheit aber ist, dass Joseph sich kaum kümmerte um das *Lusthaus*, im Gegenteil: Er ließ sich einen fast identischen Bau namens *Josephsruhe* auf der Höhe des Laaerbergs, im heutigen 10. Bezirk, errichten, für ihn verkehrsgünstiger gelegen, und jene Idylle im Prater draußen verkommen. Im Januar 1791 hat er das *Lusthaus* dann einmal genutzt, als sein Schwager, Ferdinand IV., König von Neapel, zu Besuch kam, aber dieser Aufenthalt hatte ganz und gar nichts mit Erotik zu tun. Im Gegenteil: Jeder zartbesaiteten Frau hätte es den Appetit auf Liebesspiele verschlagen, wenn sie zugesehen hätte beim sogenannten Fuchsprellen, das die Herren wohl noch amüsanter fanden als die vorausgegangene

ZU PFERD UND ZU TISCH: *Dass die Freudenau lange Zentrum des Pferdesports war, berühmt für die noch erhaltene elegante Rennbahnanlage, ist der Ausstattung des Lusthauses anzusehen — zu Tisch sitzen aber mehr stille Genießer.*

Wildschweinjagd; waren die Füchse, von den Jagdknechten getrieben, ins Netz gegangen, wurden sie in die Höhe geschnellt und mit Knüppeln erschlagen.

Erst sehr viel später, als längst Kaiser Franz II. regierte, sollte das *Lusthaus* ein Fest erleben, das in jeder Hinsicht exzessiv war. Es fand am 18. Oktober 1814 statt, und es waren so viele Gäste gekommen, dass die beiden Etagen und die Terrasse ringsum nicht ausreichten, sie unterzubringen. Beschrieben hat dieses Gelage eine, in besseren Wiener Kreisen einschlägig bekannte, Frau namens Karoline Pichler, wahrscheinlich auf offiziellen Auftrag hin. Und sie hat gute Arbeit geleistet.

Fakten gründlich zu recherchieren und genau zu sein in der Beschreibung, ist ihr Beruf. Als sich Frau Pichler in diesem Oktober hinausfahren lässt in die Freudenau, ist sie 45 Jahre alt, nicht mehr besonders attraktiv, aber renommiert: Sie ist eine der erfolgreichsten Autorinnen von historischen Romanen und außerdem in der Kulturszene seit Jahrzehnten ein Begriff. In ihrem Salon, den sie im Haus ihres Vaters, des Hofrats Greiner, schon 1799 gegründet hat, trifft sich alles, was in Wien an Komponisten, Malern, Dichtern oder Philosophen einen Namen hat. Grillparzer ist Stammgast, Beethoven, ungepflegt wie er ist, fühlt sich hier willkommen, auch Schubert, Lenau, später Schwind und Waldmüller. Dazu kommen die interessantesten Wien-Touristen, von Tieck und Eichendorff bis zu Theodor Körner und Friedrich Schlegel.

Zur Pichler geht keiner der kulinarischen Verwöhnung wegen; was es bei der katholischen Beamtentochter zu essen und zu trinken gibt, ist bescheiden. Aber der Haushalt ihres Vaters war, trotz dessen kulturellen Engagements in Wien, in diesem Punkt auch nichts Besonderes; während sich im Haus des Grafen Apponyi allein die sogenannte Verzehrsumme auf bis zu 700 000 Gulden im Jahr belief, verdiente der Hofrat Greiner nur 4000 Gulden jährlich. Trotzdem waren bei ihm, in seinem Haus am heutigen Neuen Markt, bereits Mozart und Haydn zu Gast. Es musste eben kein Hummer sein und auch kein Champagner. Die bodenständigen Genüsse waren den meisten Wienern von jeher die liebsten.

Karoline Pichlers Salon übte schlicht eine große Anziehungskraft aus, auch wenn es in dem von Fanny von Arnstein, der aufregenden jüdischen Ehefrau eines Bankiers, entschieden lockerer, mondäner und kulinarisch verlockender zugeht. Bei Karoline müssen sich die Gäste von Burgunder und Bordeaux auf Wasser mit zerstoßenem Zucker und Tee umstellen oder mit einem einfachen Wein aus der Gegend zufrieden geben. Doch dass sie offen und aufgeklärt ist, das zählt für die Gäste.

Das Fest, das hier im *Lusthaus* am 18. Oktober 1814 inszeniert wird, wartet ebenfalls mit einfacher Kost auf, ist

UNTER PALMEN ODER HASEN: *Das Lusthaus, 1560 als Jagdhaus errichtet, 1781 bis 1783 von Isidore Canevale neu erbaut, war früher Schauplatz großer kaiserlicher Feste. Heute feiern hier die Bürger im Namen von Nina Langs weißem Hasen.*

jedoch als historisches Ereignis trotzdem nicht einfach zu beschreiben. Schließlich müssen durch den Bericht die Gastrosophen genauso informiert sein wie die Kultur- und Militärhistoriker. Gefeiert wird der erste Jahrestag der Schlacht bei Leipzig, die zwar allein in der österreichischen Armee 18 000 Männern das Leben gekostet hat – bei den verbündeten Russen waren es fast 22 000, bei den Preußen 16 600 gewesen –, aber Napoleons verhasste Herrschaft über Europa beendete.

Karoline Pichler hat von ihrem Papa Greiner durchaus eine gewisse Beamtenmentalität geerbt. Und sie ist uneitel, ehrlich, gewissenhaft und humorlos, was sie für die Aufgabe der Chronistin prädestiniert. Für Selbstdarsteller und Träumer hat sie so wenig Sinn wie für Gesellschaftsclowns. Unumwunden gibt sie zu, dass sie Brentanos Gerede nicht versteht und dass sie Haydn wie Mozart schlicht ungezogen findet, vor allem Mozart, dessen Blödeleien und platte, oft auch obszöne Scherze in ihren Augen geschmacklos sind. Es ist Karoline anzumerken, dass ihre Mutter als Mädchen Zofe der älteren, prüde gewordenen Kaiserin Maria Theresia war.

Da steht sie also nun draußen, in der Freudenau, und versucht zu erfassen, was bei diesem Fest los ist. Beruhigend, dass es offizielle Listen der Ehrengäste gibt, denen sie entnehmen kann, was sich hier an europäischem Hochadel zusammenfindet: den Gastgeber mitgerechnet zwei Kaiser (Österreich und Russland), vier Könige (Dänemark, Preußen, Bayern und Württemberg), drei Erzherzoginnen und zehn Erzherzöge, drei Kronprinzen, elf Prinzen, ein Erbprinz, fünf Herzöge, ein Marquis, zwei Großfürstinnen, zehn Fürsten, elf Grafen sowie diverse Barone und Freiherren. Dicht gedrängt tafeln sie zusammen mit den Generälen drinnen im *Lusthaus*. Im Freien aber sitzen, an improvisierten Holztischen und -bänken, 14 000 Mann aus den sechs Grenadierbataillons, umstrudelt und bestaunt von 30 000 einfachen Soldaten und 150 000 Zivilisten, Familienangehörigen, Freunden oder schlicht neugierigen Zaungästen.

Was der Beamtentochter imponiert, ist, wie geordnet es zugeht bei diesem Massenauflauf und wie straff das gesetzte Essen organisiert ist. »Jeder Soldat hatte«, notiert sie, »ein eigenes Essbesteck, seinen Teller und ein Trinkglas. Wir können uns heute kaum mehr denken, welchen gewaltigen Eindruck der feierliche Anblick so vieler Krieger mit ihren sonnenverbrannten Gesichtern, mit ihren Narben und riesengroßen Grenadiermützen aus Bärenfell auf die Besucher machte.« Auch mit der Bedienung ist die erfahrene Gastgeberin zufrieden. »Acht Mann und ein Unteroffizier besorgten bei jeder Kompanie das Servieren.« Eine bürgerliche Küche gewohnt, bestaunt sie die großgastronomischen Verhältnisse: »Im Hintergrund rauchten die Koch- und Backöfen, ragten die Marketenderzelte empor.«[31] Und das kulinarische Angebot findet sie auch in Ordnung: »Jeder Soldat vom Feldwebel abwärts erhielt Suppe mit Knödel, ein Pfund Rindfleisch mit Sauce, dreiviertel Pfund Praten, drei Krapfen, drei Semmel und ein halbes Maß Wein.«[32]

Mit derselben Akkuratesse beschreibt Karoline Pichler die Dekorationen mit Trophäen, Kanonen, Lorbeerkränzen und Flaggen, die zu Pyramiden aufgestellten Gewehre. Sie verliert allerdings kein Wort darüber, ob die Militärs nach reichlich Weingenuss, bei diesem »angenehmen Herbstwetter«, dem Ruf der *Freudenau* und des *Lusthauses* ihre Reverenz erwiesen haben; Frauen feierten schließlich ausreichend viele mit. Dass davon nicht die Rede ist in ihrem Bericht, besagt nicht viel.

Erst ein paar Jahre vorher hat sie über das Leben eines Wahlwieners namens Angelo Soliman geschrieben, der zu-

erst Kriegs- und Reisegefährte des Fürsten von Lobkowitz gewesen war, nach dessen Tod Kammerdiener, Hofmeister und Reisebegleiter beim Fürsten Liechtenstein. In Gelehrtenkreisen war er angesehen, weil er weit herumgekommen war und außer seiner Muttersprache sechs Sprachen beherrschte. Als brillanter Schachspieler und guter Unterhalter hatte ihn auch Kaiser Joseph II. gern als Gesellschafter um sich, vielleicht auch weil das so schön freigeistig wirkte. Denn es war Soliman anzusehen, dass er aus Schwarzafrika stammte, was seiner Karriere im josephinischen Wien nicht im Weg stand.

Als Karoline auf die Welt kam, hatte er allerdings schon den entscheidenden Fehler seines Lebens gemacht: Er hatte sich heimlich im Stephansdom mit der Witwe Magdalena Kellermann-Christiani trauen lassen, und obwohl die Eheschließung vorsichtshalber und ausnahmsweise lateinisch ins Kirchenbuch eingetragen wurde, kam sein Dienstherr dahinter und setzte ihn auf die Straße. Als Karoline ihn im Salon ihres Vaters kennen lernte, war das überstanden: Er war in die Freimaurerloge »Zur wahren Eintracht« aufgenommen worden, in der auch Karolines Vater Mitglied war, in der sich aber vor allem die Prominenz Wiens versammelte, speziell die hochadligen Staatsbeamten, und hatte bei Liechtensteins Neffen eine Stelle als Hauslehrer bekommen.

Was Karoline über Soliman berichtete, liest sich sehr schön. Bis ins hohe Alter habe der »hochfürstliche Mohr«

*»Der Wiener ist ein mit sich sehr
unglücklicher Mensch, der den Wiener hasst,
aber ohne den Wiener nicht leben kann.«*
Hermann Bahr

blendend ausgesehen, so jung, dass er sich manchen, die ihn länger nicht gesehen hatten, als sein eigener Sohn verkaufen konnte. Doch die gewissenhafte Protokollantin Pichler berichtete nicht darüber, dass Josephs Nachfolger, Kaiser Franz II., auf die Nachricht von Solimans Tod hin sofort erklärt hatte, er wolle dessen exotische Schönheit der Nachwelt erhalten. Er ließ die Leiche nach allen Regeln der Kunst präparieren, ausstopfen und im k. u. k. Hof- und Naturalienkabinett ausstellen – halbnackt, dekoriert mit Federgürtel und Straußenfederkrone, Glasperlenketten um die Knöchel und eine Kette aus Porzellanschnecken auf der Brust. So stand Soliman schließlich zwischen ausgestopften Bisamschweinen, Tapiren und Singvögeln in einer tropischen Landschaftskulisse. Auf dem Währinger Friedhof waren nur die Reste begraben worden. Proteste und Klagen von Solimans Tochter, die äußere Hülle ihres Vaters ebenfalls menschenwürdig zu bestatten, blieben erfolglos.

Nein, mit monströsen Details wollte die Pichler den Ruf des Kaisers nicht belasten. Sie hätte riskiert, ihr eigenes Image zu beschädigen. Beides hatte sie durch ihr Verschweigen ebenso vermieden wie Ärger mit den Freimaurern, denn möglicherweise hatten die in aufklärerisch wissenschaftlichem Forschungsdrang Soliman dazu bewogen, seine Haut dem Kabinett zu vermachen, und nicht gewollt, dass sich so etwas herumspricht.

Sicher ist: Die Reputation der Frau Pichler ist auch nach dieser Veröffentlichung glänzend. Sie darf 1814 die große Gala in der Freudenau beschreiben. Und als drei Jahre

danach Madame de Staël in Wien anreist, in Begleitung von Wilhelm August Schlegel und mit großem Getöse, zeigt sich wieder einmal, dass keiner an Karoline Pichler vorbeikommt. Während in Weimar alles, vom Herzog bis zu Goethe, der scharfzüngigen Pariserin zu Füßen liegt, muss sie sich in Wien erst ein Attest abholen, ein Beglaubigungsschreiben, dass sie vertrauenswürdig genug sei, um in die höheren und inneren Kreise vorgelassen zu werden. Ausgestellt wird es von Karoline Pichler.

Lusthaus, Freudenau 254 (Ende Prater Hauptallee), 1020 Wien
Tel. 01/7 28 95 65, Fax 01/7 28 35 72
www.lusthaus-wien.at
E-Mail: office@lusthaus.at
Öffnungszeiten: Montag, Dienstag, Donnerstag und Freitag 12–23 Uhr (Mittwoch Ruhetag); Sonntag und Feiertag 12–18 Uhr
Der Grund hinzugehen: Der ideale Ort, um den lärmenden Vergnügungspark des heutigen Praters zu vergessen und mit Vergnügen vom einstigen zu träumen.

ZWEI PFERDESTÄRKEN: Fiaker, Vorläufer des Taxis, gab es zu Mozarts Lebzeiten mehr als 700, in der Blütezeit von 1860 bis 1906 um die tausend und heute nur noch um die hundert in Wien, die von Touristen und Hochzeitern geliebt werden.

Café Hawelka

Café Hawelka oder
Die Schule der Ökonomie

GROSSE KUNST, GERINGER AUFWAND:
Die Hawelkas haben lieber in Bilder von berühmten Künstlern investiert, als in trendgemäße Einrichtung — das zahlt sich aus.

Die Königin des *Hawelka* hatte mit der Königin von England einiges gemeinsam. Sie trug einen klassisch dynastischen Namen – war eine Josefine im Land der josephinischen Kaiser –, regierte in ihrem Reich mehr als ein halbes Jahrhundert unangefochten, trug, unbehelligt von modischen Trends, was ihr gefiel, gern in Kombination mit altem Familienschmuck, überging den Sohn in der Thronfolge zugunsten eines Enkels, besaß eine bedeutende Kunstsammlung und war berühmt für ihre Sparsamkeit. Und keiner wusste genau, wie viel die Hawelkas wirklich besitzen.

Allerdings war die Frau Hawelka im Gegensatz zur Queen ein Nachtmensch und konnte zwar nicht reiten, jedoch etwas backen, das in Deutschland Rohrnudeln, in Österreich Buchteln, in der Familie Hawelka aber Wuchteln heißt. »So haben nämlich«, darf Günter Hawelka, der übergangene Sohn, erklären, »die Fußbälle aus alten Lumpen geheißen, die Fetznlaberl, wie sie gleich nach dem Zweiten Weltkrieg noch üblich waren, und die nicht rund, sondern vieleckig waren.«

Diese Teig gewordenen, karamelldufenden Bälle aus Germteig, gefüllt mit Powidl, spätabends nicht vor 22 Uhr an bestimmte Gäste abzugeben, war Frau Hawelkas Form der Ordensverleihung, und die Zuteilung eines Stammplatzes im *Hawelka* war ihr Ritterschlag. Nach Josefine Hawelkas Tod im Frühjahr 2005 ist das Buchtelessen zum bürgerlichen Vergnügen herabgesunken.

Den Thron im *Hawelka*, das vorher *Café Ludwig* hieß, bestieg die Frau Hawelka samt Prinzgemahl Leopold allerdings schon, bevor Elisabeth den ihren erklomm: im Mai 1939. Um Mutmaßungen vorzubeugen, warum die Hawelkas ausgerechnet im Jahr nach dem »Anschluss« das heruntergekommene *Café Ludwig* in der Dorotheergasse übernahmen: Der große Anteil an jüdischen Stammgästen, zu denen später auch die Grande Dame Wiens, Hilde Spiel, oder der Nobelpreisträger Elias Canetti gehörten, erledigen jede Unterstellung von allein.

Bereits im September 1939 mussten die energiegeladenen Jungunternehmer allerdings wieder schließen. Leopold wurde eingezogen und nach Russland geschickt: »G'sagt hams ma, dass i in fünf Wochen wieder aufsperr'n kann, kommen bin i in fünf Jahren.« Gleich nach dem Krieg konnten sie aber wieder aufsperren, die Bomben hatten das Haus verschont. Und kein Plünderer hatte sich an dem Mobiliar vergriffen, das immerhin ein Schüler von Adolf Loos einmal für die Bar »*Je t'aime*«, die Keimzelle des *Hawelka*, entworfen hatte.

Die ersten Gäste stießen zwar keine Liebesseufzer aus, sie bezeugten dem *Hawelka* aber ihre Zuneigung durch bereitwilligen Konsum des Zichorienkaffees, der auf einem Holzofen gekocht wurde, artige Abgabe der Lebensmittelkarten und diskreten Kauf der Schwarzmarktzigaretten. Das Holz für den Ofen karrte Herr Hawelka aus den Wäldern um Wien herbei, während seine Frau unter Kindergeschrei

ORIGINALE *hängen im Hawelka an den Wänden, stehen auf Konsolen und in Stellagen — die besten Orignale aber sind die Hawelkas selber.*

backte, Kellner und Putzfrau beaufsichtigte und mit Gästen redete.

Von Anbeginn war eines ganz klar: Josefine Hawelka und Prinzgemahl Leopold gründeten mit ihrem Kaffeehaus eine Schule der Ökonomie. Bis heute wurde kein Tisch und kein Stuhl ausgetauscht, noch mit 95 knipst Herr Hawelka an jedem Tisch die kleine Lampe aus, sobald der Gast seinen Platz verlassen hat, und dort, wo es keinen Knipser gibt, wird eben die Birne lockergeschraubt. Die Wände im *Hawelka* werden nicht gestrichen, sondern mit Plakaten, wahlweise mit Bildern bedeckt. Und wer von der Ökonomie der Hawelkas weiß, vermutet selbstverständlich, das wären, wie so oft, Geschenke hungerleidender Künstler, die gegen eine Wochenverköstigung mit Melange, böhmischen Knödeln, Golatschen und Palatschinken willig ihre Werke da ließen. Der Großteil der Bilder im *Hawelka* stammt von Ernst Fuchs und Arik (Erich) Brauer, Rudolf Hausner und Wolfgang Huttner und Albert Paris Gütersloh, leiblicher Vater Huttners und geistiger Vater jener Gruppe, die diese Maler gründeten: die *Wiener Schule des Phantastischen Realismus.*

»In Österreich«, vermerkt dazu die Propyläen-Kunstgeschichte, »war die Nachkriegsentwicklung der Kunst geprägt von der provinziellen Isoliertheit des Milieus. Der Surrealismus, verbunden mit Einflüssen Boschs, Grünewalds und der Symbolisten des späten 19. Jahrhunderts, wie Redon, Bresdin, Moreau, Jan Toorop und Fernand Khnopff, ließ hier jenes Amalgam entstehen, das als die ›Wiener Schule des Phantastischen Realismus‹ bekannt wurde.«[33]

Es verwundert in Wien nur, dass es kein Deutscher ist, der das geschrieben hat, sondern ein Engländer; von den Deutschen sind die Österreicher diese näselnde Überheblichkeit nämlich gewohnt. Dort sei, meinte Karl Kraus, Prahlhans Küchenmeister; in Österreich war es immer die Ökonomie. Nirgendwo wurde und wird die Resteküche mit größerer Könnerschaft kultiviert als hier, und die Frau Hawelka hätte einen Lehrstuhl für diese Ökonomie besetzen können, sie beherrschte die Kunst, Laberl, Knödel, Tascherl, Strudel, Fleckerl und Nockerl herzustellen, wo Billiges oder Übriggebliebenes faschiert, paniert oder in Teig verpackt, zu einer Köstlichkeit geschmort, gekocht oder gebacken wird, geradezu perfekt. Die Qualität des Handwerks macht eben den Künstler aus. Das gilt für Kochkünstler ebenso wie für bildende. Und wenn Günter Hawelka sagt: »Meine Eltern haben die *Wiener Schule* immer mögen, weil das einfach meisterlich gemalt ist«, dann beweist das, wie konsequent Josefine und Leopold ihren wirtschaftlichen Sinn fürs gut Gemachte auch auf die Kunst übertrugen.

Stammgast H. C. Artmann sagt schließlich auch, Fuchs sei »der Dürer der modernen Malerei«. Der Besserwisser aus der Propyläen-Kunstgeschichte hat wohl nie mit H. C. Artmann im *Hawelka* gesessen, denn er kann sich nicht begeistern für »die mit peinlicher Sorgfalt bis ins Detail ausgemalten Bilder eines Ernst Fuchs, Erich Brauer, Wolfgang Hutter und Anton Lehmden«.[34] Und weiter: Die Werke erlaubten, meint er, »gelegentlich flüchtige Einblicke in die alptraumhaften Erfahrungen des eben zu Ende gegangenen Krieges, in der Regel aber handelt es sich um Phantasien einer Fluchthaltung als unmittelbare Zeugnisse des Schreckens.«[35]

Nie im Leben würde sich einer der Hawelkas Alpträume und Zeugnisse des Schreckens an die Wand hängen, die jedem die Lust auf Buchteln verschlagen. Zumal die Familie für alle diese Bilder bezahlt hat, und zwar keinen Kaffeehausfreundschaftspreis, sondern den jeweils am Kunstmarkt aktuellen. Ein kleines Bild, das sich in gewisser Hinsicht zu lohnen schien, kam sie dennoch teuer zu stehen: Hausners brillantes kleinformatiges Gemälde eines Billardspielers, das so den fehlenden Billardtisch raum- und geldsparend im *Hawelka* ersetzen sollte.

Weil die Hawelkas ein Einsehen in die prekäre Finanzlage der Künstler hatten, zahlten sie Hausner das Bild nach Bestellung – für Gastwirte höchst ungewöhnlich, doch sie gingen wohl davon aus, dass ein Kellner den Kaffee auch schneller serviert, wenn ihm der Gast schon das Geld hingelegt hat.

»Aber der Hausner«, sagt Günter Hawelka, »der hat sich Zeit gelassen. Jahrelang. Schließlich haben wir das Bild mit dem Anwalt eingeklagt.«

Auch wenn Sohn Günter ein gelernter und preisdekorierter Zuckerbäcker ist, weiß er, dass das Leben kein Zuckerschlecken ist. Noch heute, wo er, auch wenn's ihm keiner ansieht, schon beinah im Rentenalter ist, kann er sich nicht zu Gästen setzen und plaudern, ohne dass sein Vater ihn abmahnt: »Die Wuchteln brennen an.« Der genuschelte Protest: »Die san ja no gar ned im Ofen«, ist so sinnlos, wie es neue Stoffbezüge auf den Bänken wären. In einer Schule der Ökonomie weiß man, dass Menschen beim Frische-Luft-Schnappen Holz tragen können, beim Sich-Aufwärmen Palatschinken backen. Früher, als von den Hawelkas auch noch die umliegenden Läden versorgt wurden und der Bub zum Sport wollte, wurde ihm gesagt, er könne ja die

VERKOMMEN ODER VOLLKOMMEN?
»Wir achten drauf, dass alles bleibt, wie es ist«, sagt Juniorchef Amir Hawelka, Schwarm der schönen Wienerinnen.

Tassen hinüber zu den Damen unter den Trockenhauben des *Salon Stefan* tragen.

Die Schule der Ökonomie im *Hawelka* bewies auch darin ihre Kompetenz, dass sie den Unterricht teilweise ins Café verlegte. Günter, wie viele der jugendlichen *Hawelka*-Stammgäste ein überzeugter Schulschwänzer, bekam die Grundlagen der Geschichte vermittelt von Karl Pölzl – genannt Carolus Bezellius, weil er Lateinisch wie Wienerisch sprach –, im Brotberuf leitender Angestellter bei der Baupolizei, im Traumberuf Stammgast des *Hawelka*.

Im Zeichen der Ökonomie wird im *Hawelka* von jeher jedes überflüssige Wort vermieden. Daher hat jeder der 29 Tische seinen Namen, was Missverständnisse und Diskussionen erspart: Fenster eins, zwei, drei und vier, Ofen, Zeitung, Bei der Uhr und Eins links, Zwei links, Jauker, Eins, Zwei und Drei Mitte, Telefon, Kleiderständer, Radio, Milantisch, Kleine Ecke, Große Ecke, Spiegel, Schachtisch, Vis-à-Vis, Vor der Bar, Hinter der Bar, Kammertür, Nullertisch, Haustisch, Pfeilertisch, Pfeiler rechts, Pfeiler links.

An einem der Pfeilertische sitzt regelmäßig der Herr Hrdlicka, einer von Wiens am lautesten beschimpften und am lautesten verteidigten Künstlern, der mit seinem Mahnmal wider Faschismus, Rassismus und Krieg in den frühen Achtzigern dafür gesorgt hat, dass sich jahrelang die Parteien mit Verbalinjurien bewerfen konnten. Er warf natürlich tapfer mit und wirft mit bald achtzig noch immer. Nachdem sein Entwurf für ein Holocaust-Mahnmal in Berlin zugunsten des Entwurfs von Peter Eisenman abgelehnt worden war, erklärte Hrdlicka wie üblich heiser krächzend: »Wenn das was mit Kunst zu tun hat, bin ich ein Opernsänger! Das Ganze ist doch völlig verblödet.« Und ergänzte sicherheitshalber noch: »Man könnte auch sagen, dass da jemand vergessen hat, die Betonmischmaschine abzustellen.« Die *Berliner Morgenpost* meinte erklärend hinzusetzen zu müssen, Hrdlicka sei »berüchtigt durch Alkoholexzesse und Frauengeschichten«.

Günter Hawelka setzt ihn stattdessen einfach mit seinem pechschwarzen Kaffee und seinem doppelten Wodka hinter den Pfeiler und erklärt, der Meister genieße hier »die Atmosphäre des Verborgenen«. Das ist ganz im Sinne der Königin, denn die hat von Amts wegen Exzesse zu vermeiden gewusst und zu viel Gerede auch.

Queen Josefine hat dieses Wissen auch ihrem Thronfolger Amir vermittelt, für den die schönsten jungen Frauen

GRUPPENBILD OHNE GRANDE DAME: *Josefine Hawelka ist 2005 gestorben, doch Witwer Leopold, Sohn Günter und die Enkel Michael und Amir (von rechts) verwalten das Erbe, und nach wie vor regiert »Kaiser« Leopold.*

Wiens schwärmen, weil er so charmant und diskret sei. Und von seinem Vater Günter hat er gelernt, wie man mit großer Prominenz richtig umgeht und sie gekonnt platziert; von Mastroianni (»Kleiderständer«) bis Omar Sharif (»Hinter der Bar«), André Heller und Helmut Qualtinger (»Vis-à-Vis«), Richard Burton (»Drei Mitte«) bis zu Peter Ustinov (»Bei der Uhr«).

Im *Hawelka* wird nicht darüber spekuliert, was es bedeutet und wie man es deuten könnte, dass sich Stammgast Onassis regelmäßig am »Nullertisch« niederließ, den andere Gäste nicht mochten, denn die namensgebenden Nullen sind die der Örtlichkeiten direkt daneben. Dass Grace Kelly, alias Gracia Patricia von Monaco, sich samt Entourage am Tisch »Eins Mitte« niederließ, bewies Königin Josefine natürlich, dass Aristokraten eben Stilgefühl haben. Und Günter, also ihr Prince Charles, bewies wiederum der Fürstin, dass auch er vom Zeremoniell etwas versteht: Als sie ablehnte, von einem anwesenden Paparazzo beim Kaffeetrinken geknipst zu werden, verlegte Günter den Fototermin mit fürstlicher Erlaubnis auf den Zeitpunkt, zu dem sie das Lokal verließ. Dezent und ökonomisch. Denn so sieht man auf dem Foto links neben der Fürstin das berühmte Schild *Hawelka*. *Café Leopold Hawelka*, um genau zu sein, denn indem sie ihren Mann auf das und den Schild hob, hat Josefine bewiesen, dass sie der Queen überlegen war.

Café Hawelka, Dorotheergasse 6, 1010 Wien
Tel. 01/5 12 82 30, Fax 01/3 28 15 31
www.hawelka.at
E-Mail: office@hawelka.at
Öffnungszeiten: Montag, Mittwoch bis Samstag 8–2 Uhr, Sonntag und Feiertag 16–2 Uhr
Der Grund hinzugehen: Die erstaunliche Erfahrung, dass ein Kaffeehaus dieser Ästhetik auch ohne Frau Hawelka täglich überfüllt ist.

HEURIG: *Die Figur des heilig gesprochenen Märtyrers Florian, der angeblich Brände verhütet, steht an der Ecke jenes Hauses, in dem Beethoven laut Hausprospekt die Neunte Symphonie vollendet hat mit der Ode an die Freude, in der es heißt: »Wir betreten feuertrunken/Himmlische dein Heiligtum.«*

Mayer am Pfarrplatz

Mayer am Pfarrplatz oder
Nur im Wein liegt die Wahrheit
Die Macht und Herrlichkeit der Legende

REIGEN WEINSELIGER GEISTER:
Die Authentizität mancher Beethoven-Anekdoten darf bezweifelt werden, nicht aber die der Weine von Mayer. Alle werden aus handgelesenen Trauben der familieneigenen Weingärten in Grinzing, am Nussberg und in den Alsegger Rieden gepresst. Treffsicher wie offensichtlich die Schützen der Familie Mayer ist nach dem Weingenuss dort aber keiner mehr.

Wie glaubwürdig eine Legende ist, zeigt sich am Renommee der Leute, die ihr verfallen. *Mayer am Pfarrplatz*, der beste Heurige in Heiligenstadt und einer der besten Österreichs, ist das meistfotografierte und auch bei der Prominenz beliebteste der zahllosen Beethoven-Domizile und gehört, so betrachtet, zu den erfolgreichsten Legenden im Großraum Wien und sogar in Heiligenstadt selbst. Das bedeutet viel, denn hier wird mit Legenden so gekonnt gehandelt wie mit dem heurigen Wein. So wird zum Beispiel jedes Jahr am 8. Januar in einer bewegenden Feier des heiligen Severin gedacht, weil dessen Überreste seit 482 hier in der Jakobskirche ruhen sollen. Auch die Heilquellen, die es in Heiligenstadt nachweislich gab und gibt, werden von Dämpfen und Mythen umwabert: Hier hat sich, heißt es, bereits eine heilige Quelle der Germanen befunden. Wo das geschrieben steht, wissen die Historiker allerdings nicht.

Dichtung und Wahrheit mit leichter Hand zu mischen, ist das Geheimrezept überzeugender Legendenbildung. Beethoven jedenfalls war schon 1802 von seinem Arzt, Professor Schmidt vom Josefinum, an den *sanctus locus*, die Heilige Stätte, geschickt worden, weil der sich von den Bädern dort heilende Wirkung auf diverse Malaisen seines Patienten versprach, vor allem auf sein Gehörleiden, das ihm in diesem Jahr zum ersten Mal zu schaffen machte und ihn in tiefe Verzweiflung stürzte, ihn depressiv und menschenfeindlich werden ließ. Erschwerend kam hinzu, dass ihn die 17-jährige Komtesse Josephine Brunswick, »ein liebes zauberisches Mädchen«, sitzen lassen musste, um einen 26 Jahre älteren Grafen zu heiraten, wie es der Vater befahl. Ihr angehimmelter *Louis* war nämlich nicht einmal adlig; gerne machte er zwar aus seinem *van* ein *von*, aber spätestens 1818 kam es bei einem Gerichtsprozess an den Tag, dass Beethoven ein Bürgerlicher war, was er selbst natürlich wusste. Doch es wirkt kleinlich, es bei Genies derart genau zu nehmen.

Die Wahrheit ist also, dass Heiligenstadt ein Schicksalsort des tragischen Komponisten war. Das weiß jeder, der einmal vom *Heiligenstädter Testament* etwas gehört hat, jenem schwermütigen, todessehnsüchtigen Brief an seine Brüder Karl und Johann[36], über den Beethoven die Anweisung setzte: »Nach meinem Tod zu lesen und zu vollziehen«, in der Meinung, das sei bald der Fall. Doch dieses Vermächtnis vom 6. Oktober 1802, das er 25 Jahre überleben sollte, verfasste Beethoven nicht etwa im *Mayer am Pfarrplatz*, sondern ein paar Gehminuten weiter in der Probusgasse 6, damals noch ein Bauernhaus. Dort freilich lockt kein Heuriger, dort versteckt sich heute eine Beethoven-Gedenkstätte, deutlich weniger fotogen als das legendäre, breit hingelagerte Anwesen am Pfarrplatz, auch wenn in dem Hinterhaus beim Bauern große Teile der beiden Klaviersonaten Opus 31 entstanden, die Klaviervariationen Opus 34 und 35 und die Zweite Symphonie. Doch was ist schon die Zweite? Beschwingt, aber doch nicht erschütternd. Wer kann die schon pfeifen. Auch das Heiligenstädter Haus in

»O ihr Menschen, die ihr mich für feindselig, störrisch oder Misanthropisch haltet oder erkläret, wie unrecht thut ihr mir.« Mit diesen Worten beginnt jener Brief, den Beethoven in diesem Haus in der Probusgasse verfasste, genannt »Das Heiligenstädter Testament«.

FOLGENDE DOPPELSEITE | »*Wie ein Verbannter muss ich leben, nahe ich mich einer gesellschaft*«, *schrieb Beethoven. Hier, im stillen Garten des Hauses in der Probusgasse, konnte er Begegnungen vermeiden.*

der Grinzinger Straße, in dem die Sechste Symphonie, die *Pastorale*, geboren wurde, muss sich geschlagen geben, wenn es um den Wettstreit mit der Neunten geht, bereits von den Romantikern zur Symphonie der Symphonien verklärt. Und die Geburt jenes musikalischen Superlativs miterlebt zu haben, ist angeblich den Mauern des *Mayer* vorbehalten, das sich daher schlicht *Beethovenhaus* nennt.

»Im Sommer 1817 wohnte Ludwig van Beethoven in diesem Haus am Pfarrplatz«, vermeldet der Hausprospekt kurz und bündig, und »während der Zeit seines Aufenthaltes in diesem Haus« habe Beethoven »an seinem größten Werk, der 9. Symphonie«, geschrieben.

Die Vorstellung behagt jedem, denn der *Mayer* bietet alles, was Beethoven gesucht haben muss. Geborgenheit, Behaglichkeit, gute Küche und Wein – zu einer Leberzirrhose kommt man nicht aus Versehen. Und da die Mayers seit 1683 in Grinzing und Heiligenstadt als Weinbauern verbrieft sind, war er hier an der richtigen Adresse.

Gerissen hat man sich im Haus am Pfarrplatz sicher nicht um den Mieter Beethoven, wenngleich er im Jahr 1817 längst eine Berühmtheit, ja schon eine Legende war.

Jedes Kind wusste, wer der kurz gewachsene Mann mit dem geröteten, pockennarbigen Gesicht, der breiten Sattelnase, dem struppigen Haar und dem eigentümlich gefurchten Kinn war, der hier unter den Obstbäumen, zwischen satten Wiesen und Weingärten spazierte, auf dem Kopf einen Zylinder oder Schlapphut, um den Hals eine weiße Binde, am stämmigen Körper einen blauen Frack mit Messingknöpfen, dazu helle Hosen, die nicht immer blütenrein waren. Es hatte sich bestimmt längst herumgesprochen im Dorf, dass Beethoven, wo immer er hauste, für Ärger sorgte, und das nicht nur durch lautes Klavierspiel zu jeder Tages- und Nachtzeit. Auch durch seine Angewohnheit, sich nach heißen Schaffensprozessen im Sommer mitten im Arbeitszimmer zu duschen. In der Probusgasse drüben hatte der Inhalt des Wasserzubers, mit dem er sich übergoss, die Decke der Erdgeschosswohnung gründlich durchnässt.

Es fragt sich ohnehin, warum der prominente Kurgast 1817 wieder einmal nach Heiligenstadt kam. Sein Arzt, Professor Schmidt, war neun Jahre vorher gestorben, und Beethovens Leiden waren bei den vorangegangenen Kuraufenthalten nicht gelindert worden. Gegen Innenohrschwerhörigkeit sind Bäder aus moderner Sicht auch keine

151

TRIUMVIRAT: *In Glas sind hier die Komponisten Franz von Suppé, Johann Strauß Sohn und Joseph Offenbach verewigt – sie selber schauten lieber ins Glas.*

erfolgversprechende Methode, obwohl gegen Tinnitus, jene oft stressbedingten Ohrgeräusche, die ihn schon seit 15 Jahren quälten, entspannende Therapien durchaus hätten helfen können. Mag sein, dass ihm das Heilwasser auch aus anderen Gründen gut tat, denn er kämpfte mittlerweile nicht nur mit Rheuma und Bronchialasthma, sondern litt auch an Unterleibskrämpfen, Magen- und Darmbeschwerden und einer Entzündung der Bauchspeicheldrüse. Zumindest gegen diese Probleme wäre eine alkoholfreie, leichte Diät hilfreich gewesen. Was Beethoven sich nämlich in Wien zuführte, war nicht als Schonkost zu bezeichnen. Der gesottene Fisch am Freitag, serviert mit englischem Gemüse, also in einer sämigen Sauce, war wohl das einzig gut Verdaubare. Doch seine Leibgerichte, von denen er beachtliche Portionen vertilgte und die er mit ausreichend Wein und höher Geistigem hinunterspülte, waren weniger geeignet für einen derart angeschlagenen Mann: Rebhühner und *Indians*, die damals in Wien beliebten indischen Hühner, Lungenstrudel, Rindfleisch mit Sauerampfer, in Schmalz gebratene Erdäpfel, Enten, gerne mit Maronen gefüllt, Rehschlegel mit Mehlspeise, Hasen- und vor allem Kalbsbraten.

In den Bädern, die er besuchte, trank er zwar literweise Brunnenwasser, aber sein Weinkonsum blieb beachtlich. Was er trank, hatte freilich mit dem, was der *Mayer* heute an preisgekrönten, für einen Heurigen hervorragenden Weinen bietet, vom Riesling bis zum Gewürztraminer, vom Grünen Veltliner bis zum Alten oder Gemischten Satz, wenig zu tun. Süße Weine schienen ihm besser geeignet, den Alltag

erträglich zu machen, und unter den österreichischen war ihm der rote lieber als der weiße. Der Blauburgunder aus dem Weingut *Mayer* hätte ihm also möglicherweise behagt. Das vielgerühmte Speisenangebot eher nicht, denn dort findet sich kein Fisch, kein Hase, kein Kalbsbraten, nicht einmal Beethovens Alltagskost, Makkaroni mit Parmesan, stehen auf der Karte. Mit Flugentenbrust hätte er sich trösten können, vielleicht auch mit Backhuhn und Hühnerhaxel als Ersatz für die *Indians*. Vertraut hätte es ihm auf keinen Fall geschmeckt, denn Beethoven war daran gewöhnt, alles lauwarm oder verkocht zu essen, auch wenn er sich nicht selber als Koch betätigte, was Freunde ohnehin energisch zu verhüten suchten. Schuld daran waren weniger die von ihm beschimpften Angestellten als seine Essgewohnheiten:

Wenn die Diskussion oder eine Eingebung gerade wichtiger waren, musste das Essen eben warten.

Nein, Diät hat Beethoven im Kurort wohl kaum gehalten, und das, was er unter Fastenspeise verstand, wäre auch kaum leichter gewesen als die übliche Kost: eine Brotsuppe, in die er sich eigenhändig zehn Eier hineinschlug.

Wahr ist wohl auch, dass Beethoven bei seinem Aufenthalt im Haus am Pfarrplatz kaum mehr auszuhalten war, denn seine Taubheit, die ihn ausgrenzte von dem Geschehen ringsum, die ihn misstrauisch machte wie jeden, der daran leidet, hatte sich rapide verschlimmert. Noch konnte er mühsam erraten, was jemand zu ihm sagte, mit Hilfe eines seiner Hörrohre, für ihn spezialangefertigt von Melzel, dem Erfinder des Metronoms. Noch führte er nicht jene Konversationshefte, die ab 1818 ein lebendiges Spiegelbild seines Zustandes liefern, die in hingekritzelten Worten seine verständliche Unduldsamkeit verraten, seine dauernde Reizbarkeit, seine jähen Stimmungswechsel.

Gesichert ist nur, dass Beethoven es ungefähr Mitte Mai 1817 in Wien nicht mehr aushielt, dass es ihn hinausdrängte aufs Land. Am 16. schreibt er bereits aus Heiligenstadt an Nanette, Gattin des Klavierfabrikanten Andreas Streicher und keineswegs seine Geliebte, sondern eine Frau, die er zu Recht seine *barmherzige Samariterin* nennt. In den zwei Briefen ist allerdings nicht von der göttlichen Neunten die Rede, vielmehr von recht menschlichen Problemen. »Werthe Freundin! Ich mache Gebrauch von ihrer Erlaubniß ihnen die Wäsche zur gütigen Besorgung zu übermachen, bald sehe ich sie und bin wie immer

ihr Freund u. Diener

Beethoven«.[37]

Am Tag darauf kündigt sein letzter Hausangestellter, Wenzel Braun, den Dienst, wofür jeder Verständnis hatte, der Beethovens Umgang mit Personal beobachten konnte. Wollte ihm beispielsweise die Köchin das Mittagessen heiß servieren, schmähte er sie als »widerspenstiges Weib« und warf ihr die Schüssel hin.[38]

Der nächste undatierte Brief an die Samariterin ist nicht wesentlich aufregender als der letzte. »Für heute kann ich ihnen, meine liebe Frau v. Streicher, nichts sagen, als daß ich hier bin; wie ich hier bin, wo ich hier bin, das werde ich ihnen bald nachholen. – Beygeschlossenes bitte ich der mir empfohlenen Wäschfrau zukommen zu lassen, noch zur Flickwäsche gehörig. Alles schöne an die ihrigen.

In Eil ihr Freund u. Diener

L. v. Beethoven«.[39]

Der nächste Brief, den er an Franz und Antonie Brentano in Frankfurt richtet, ist bereits wieder in Wien verfasst, und noch am 9. Juni meldet er sich brieflich aus der Stadt. Dann ist er kurz noch einmal zurückgekehrt in das Heiligenstädter Domizil am Pfarrplatz, denn seiner anderen Samariterin, der kränkelnden, hinkenden, immer hilfsberei-

LÄRM UM DAS TAUBE GENIE: *Im Beethovenstüberl, das bei Mayer an den berühmten Hausgast erinnert, herrscht selten andächtige Stille – das beruhigt die Wirtsleute.*

ten Gräfin Erdödy, klagt er von dort am 19. Juni sein Leid: »Zu viel bin ich die Zeit herumgeworfen worden, zu sehr mit sorgen überhäuft.«[40] Ihr verrät er auch, dass er sich in Heiligenstadt einquartiert hat, um die Folgen eines entzündlichen Katarrhs auszubaden, und welche Pulver, Salben und Tinkturen ihm verschrieben werden. Vor allem aber gesteht er ihr ungeniert seine finanziellen Nöte. »Leider sind meine Ausgaben so groß u. durch mein Krankseyn, da ich wenig schreiben kann, meine Einnahmen klein.«[41]

Offensichtlich reichen diese Einnahmen nicht, um länger zu kuren in Heiligenstadt. Jedenfalls verkündet er am 30. Juni bereits wieder aus der Wiener Wohnung, er werde jetzt nach Nußdorf hinausfahren.

Damit endet jedenfalls die Zeitspanne, in der sich die Legende des Beethovenhauses abspielt. Und auch wenn es verlockend ist, sich vereinnahmen zu lassen von dem wohlduftenden Legendendunst dieser Heurigenwirtschaft, beeindruckt von der Tatsache, dass die Mayers schon seit über 300 Jahren hier rings um den Ort ihren Wein herstellen, fragt sich der misstrauische Spurensucher: Was hat Beethoven außer Briefen dort nachweislich geschrieben? Wo er doch selbst schon jammert, seine Schaffenskraft sei stark beeinträchtigt?

Die Ausbeute des Jahres 1817 ist ohnehin nicht üppig. Und im Hause *Mayer* würde man sich wohl auch gar nicht rühmen wollen, die Geburtsstätte so unfroher Werke zu sein wie des *Gesangs der Mönche* für drei Männerstimmen, nach Schillers Wilhelm Tell, komponiert am 3. Mai, oder des Liedes *Resignation*, erst im Dezember entstanden.

Doch auch das, was sonst noch im Angebot ist für das Jahr 1817, ist zur Legendenbildung ungeeignet: der befremdlich beginnende Kanon, den Beethoven Anna del Rio zum Geburtstag komponiert hat: »*Glück fehl' dir vor allem...*«, das war im April, oder der Anfang eines Lieds mit dem wenig bewegenden Titel *So oder so*, den er im Februar niedergeschrieben hatte.

Es ist zwar richtig, dass Beethoven nicht erst 1822 mit der Arbeit an seiner letzten, zum absoluten Meisterwerk erhobenen Neunten Symphonie begann, sondern schon Jahre früher Entwürfe zum ersten Satz und zum Scherzo machte, aber die stammen nachweislich aus dem Jahr 1818.[42]

Im Werkverzeichnis sind für 1817 noch zwei weitere, tiefe und bedeutende Kompositionen aufgeführt, das Streichquintett Opus 104 und die Fuge D-Dur für Streichquintett Opus 137, doch die Autografen sind einwandfrei datiert auf August beziehungsweise November.

Eigentlich ist es ja erfreulich, dass Beethoven in diesem Frühling wenig anderes tat, als spazieren zu gehen, zu essen und zu trinken und sich der therapeutischen Wirkung des Heurigen anzuvertrauen. »Der eklatante Mißerfolg der Psychoanalyse in ihrem Geburtsland«, hat der Schriftsteller György Sebestyén behauptet, »hängt zweifellos mit

dem weit verbreiteten Brauch des Heurigenbesuchs zusammen, der sie weitgehend überflüssig macht.«⁴³ Doch ohne Legende ließe sich hier niemals der Beethovenwein so gut verkaufen, den japanische Gäste gerührt in die Heimat mitnehmen.

Die Wahrheit liegt in Heiligenstadt eben nicht in Fakten und Dokumenten, sondern dort, wo sie hingehört: im Wein. Er verbindet Beethoven und den *Mayer am Pfarrplatz*. Und wem diese Verbindung zu dünn ist und die Legende auch: Es lebt hier noch eine andere, hörbar und sichtbar.

Im Hof des Anwesens wird in der warmen Jahreszeit Schrammel-Musik gespielt, jene unwiderstehliche Musik der guten Laune, die den Brüdern Johann und Joseph Schrammel zu verdanken ist, Zeitgenossen der Strauß-Geschwister, aber ungleich friedlicher. Sie besingt zwar nicht die Freude als schönen Götterfunken. Aber dafür das *Weana Gmüat*. Und auch wenn sie nicht authentisch gespielt wird, das heißt mit zwei Geigen, Gitarre und Klarinette, wahlweise Akkordeon: Die Schrammel-Musik ist der legendäre Klang des Heurigen. Und passt besser zu gegrillten Stelzen und Hendl, zu Schweinsbraten und Surbraten, zu den hausgemachten Blut- und Bratwürsten des *Mayer am Pfarrplatz*, als Beethovens Neunte.

Doch geben wir es zu: es steht einem Ort von so begnadeter Harmlosigkeit wie Heiligenstadt einfach gut, dass dort eine derart tragische Existenz um Vollendung rang und gegen die Verzweiflung ankämpfte. Das verleiht der Idylle Tiefe und dem Genuss einen dramatischen Bildungshintergrund.

Doch nachdem Beethovens Vater ein schwerer Alkoholiker war, der im Rausch seine Kinder verprügelte, und Beethoven sich ebenfalls einen Leberschaden angetrunken hatte, empfiehlt es sich, rechtzeitig den Rückweg anzutreten. Vielleicht durch die Eroica-Gasse, die ihren Namen auch nicht ganz zu Recht trägt, denn der Biederhof, in dem Beethoven den größten Teil seiner Dritten Symphonie komponierte, liegt an der Döblinger Hauptstraße 92. Wer jedoch noch den reifen Nusston von Mayers Nussberger Rheinriesling auf der Zunge hat, vergisst solche besserwisserischen Argumente. Schließlich hat Beethoven in Wien mehr als achtzig Mal seinen Wohnsitz gewechselt, da verliert man leicht den Überblick. Und Beethovens Nimbus ist mächtig genug, um ganz Heiligenstadt zu beleuchten.

Mayer am Pfarrplatz, Weingut & Heuriger im Beethovenhaus, 1190 Wien (Heiligenstadt), Pfarrplatz 2
Tel. 01/3 70 33 61 (Büro), ab 16 Uhr 01/3 70 12 87, Fax 01/3 70 47 14
www.mayer.pfarrplatz.at
E-Mail: mayer@pfarrplatz.at
Öffnungszeiten: Montag bis Samstag 16–24 Uhr, Sonntag und Feiertag 11–24 Uhr
Der Grund hinzugehen: Die beglückende Erfahrung, dass die Qualität der Mayer'schen Weine nach dem Besuch des Beethoven-Hauses zuverlässig stimmungsaufhellend wirkt.

Beethoven-Gedenkstätte, Probusgasse 6, 1190 Wien
Tel. 01/3 70 54 08, Fax 01/5 05 87 47-72 01
E-Mail: office@wienmuseum.at
Öffnungszeiten: Dienstag bis Sonntag 9–12.15 Uhr und 13–16.30 Uhr

RUHM UND SPOTT:
Aus vergoldeten eisernen Lorbeerzweigen besteht die Kuppel der »Secession«, 1897–98 nach Plänen von Joseph Maria Olbrich als Ausstellungsgebäude für die Secessionisten errichtet. Die Wiener verspotteten es als »Krauthappl«, zu Deutsch Kohlkopf.

Café Museum

Café Museum oder
Die Sehnsucht nach Wärme

RICHTIG UND DOCH NICHT RECHT:
Unter der Aufsicht des Denkmalschutzamtes wurde das Café Museum 2003 in den Originalzustand zurückversetzt. So soll die Ausstattung von Adolf Loos 1899 ausgesehen haben. Doch den meisten Wienern gefällt es nicht mehr.

Die Fenster nackt, ohne Gardinen, die Wände in einem frostigen Grün breit gestreift, das Licht hart wie in einem Operationssaal. Schutzlos liefert die Einrichtung jeden Gast fremden Blicken aus, es gibt keine Nischen und keine gepolsterten Bänke. Und dann auch noch das: Unverbrämt verlaufen die Leitungen fürs Gas der Lampen in ihrer Kupferummantelung[44] über das schmucklose Gewölbe.

Und das soll ein Kaffeehaus sein, ein Wiener Kaffeehaus im Herzen der Stadt?

»... nihilistisch, sehr nihilistisch, aber appetitlich, logisch, praktisch«[45], urteilte der Kritiker Ludwig Hevesi über das *Café Museum*, gestaltet von Adolf Loos, benannt nach Hevesi: *Café Nihilismus*.

»Ins Leere gesprochen« ist nicht zufällig eine der Schriften von Loos betitelt. Mit seiner Theorie, Ornament sei Verbrechen und nichts anderes als Verlogenheit, mit der nackte Wahrheiten kaschiert werden, findet Loos zwar einige Anhänger, aber noch viel mehr Gegner. Die Schar der Anhänger wäre mühelos im *Café Museum* unterzubringen gewesen, denn es war damals, als es eröffnet wurde im Jahr 1899, sicher das ungemütlichste Kaffeehaus der Stadt. Und doch ist es der ideale Platz für diejenigen, die hier rauchen, trinken, Billard spielen und von ihren Visionen reden. Das *Café Museum* ist Treffpunkt der unverstandenen Visionäre, und die dürfen Gemütlichkeit nicht mögen. Sie lieben die Kälte dieser Räumlichkeiten, denn sie sehnen sich zwar nach Wärme, aber sie fürchten sich auch davor. Sie suchen die Nähe einer Geliebten, einer Frau, einer bezahlten Gefährtin für eine Nacht, für eine Stunde, und fliehen sie.

Es ist nicht so, als gäbe es keine Frauen in den Beisln, Kaffeehäusern und Wirtschaften. Vom *Central* bis zum *Löwenbräu*: Die Frauen kommen vorbei, werden umworben, bewundert, besprüht mit Wortwitz, manchmal auch belästert, wenn sie wieder gegangen sind. Doch sie sind und bleiben nur ein *À-propos* für die Männer. Wenn Altenberg eine Neue anschleppt, ein Mädchen, das um seine Schönheit noch gar nicht weiß, dann geht es nicht um sie, sondern darum, wer sie zu welchem Zweck erobert. Ob als Modell, das nackt posiert, ob als Trost in einer verzweifelten Nacht, als Material für einen Pygmalion, als Illusion vom einfachen Glück für ein paar Tage. Oder als Idol.

Frauen, die begehrenswert sind, gibt es genug, Wesen, die bezaubern, rühren, verwirren oder überwältigen.

Da ist Emma Rudolph, Ea genannt, die langhaarige, feenhafte Blonde mit erlesenem Geschmack. Sie verwaltet das Mode- und Kunst-Referat der Zeitschrift *Moderne Welt*, wird von allen angebetet, doch sie erhört keinen der Künstler.

Da ist Milena Jesenska, die tragisch Liebende, stolz und stark und kämpferisch wie eine Amazonenkönigin, deshalb *Penthesilea* genannt, die mit dem Don Juan Ernst Polak unglücklich wird, durch den Briefwechsel mit Kafka berühmt und durch ihr politisches Engagement schließlich zum Mordopfer der Nazis.

ALS PURISMUS NOCH PROVOZIERTE: *»Café Nihilismus« nannte der Kritiker Ludwig Hevesi das Etablissement. Er war einer der wenigen, dem es gefiel, weil es »sehr nihilistisch, aber appetitlich, logisch, praktisch« sei.*

Da ist deren Freundin Gina Kaus, die eigentlich Zirner-Kranz heißt, sich als Autorin Andreas Eckbrecht nennt, damit sie ihre Unterhaltungsromane verkaufen kann, und die damit leben muss, dass Milena ihr in der Not ihren Schmuck stiehlt.

Da ist Lina Obertimpfler, die kindlich katzenhafte Diseuse aus dem Kaffeesiederhaushalt mit hechtgrauen Augen, die den Ästheten Loos betört, ihn bewundert, ihm im *Löwenbräu* das Ja-Wort gibt, ihn dann durchschaut, betrügt und verlässt.

Da ist Helga Malmberg, die hilflose Helferin, die meint, sie könnte Altenberg retten, und darüber selbst fast unrettbar wird, doch schließlich den Absprung schafft.

Und dann sind da die verheirateten Schönheiten, reiche Ehefrauen, oft nur zu Besuch in Wien und umso begehrenswerter, je weniger erreichbar sie sind. Wie Sternschnuppen scheinen sie auf in der Gesellschaft der Männer, die sich dabei heimlich etwas wünschen, was niemals in Erfüllung gehen kann.

Daneben gibt es auch die Frauen, die niemals ein Kaffeehaus oder ein Beisl betreten, es sei denn, um dem Mann das Geld für die Zeche nachzutragen, das sie gerade erst für ihn gepumpt haben. Frauen wie Mathilde Schönberg, die Musikalisch-Mütterliche, in der ihr Mann Arnold sein Heil

sucht und seine Zuflucht findet, aber auch seine Demütigung, denn sie verlässt den Mann, der sie nie wirklich kannte, für Richard Gerstl, einen jungen Maler. Eine wie Mathilde jedoch säße niemals am Tisch mit den Berühmten und Berüchtigten, mit den umstrittenen Streitern. Schönberg braucht schließlich, wie alle seine Freunde und Bekannten, diese Zeit im Kaffeehaus für sich. Diese Zeit, in der die Frauen putzen, wickeln, trösten, kochen, räumen, komponieren, Briefe oder Gedichte schreiben. Oder sich schön machen für einen Mann, der sie währenddessen mit einer anderen hintergeht.

Im Nachhinein erst, wenn überhaupt, verstehen die Männer, was sie verloren haben, weil sie meinten, zu besitzen, was ihnen nie gehörte.

Im *Café Museum* aber denken sie ungestört an sich, an ihre verkannte Größe, an die Infamie der Kritiker, die Billard-Kugeln und das Bier. Und an Frauen, die ihnen entgangen sind.

Vielleicht ist Leo Perutz, einer der ganz großen fast Vergessenen, Symbolfigur jener Kaffeehausmänner, die die Frauen flohen, weil sie fürchteten, ihnen wirklich zu begegnen. Das Geld, das er verdient als Versicherungsangestellter, mathematische Abteilung, gibt er aus für Haschisch,

ANGEWIDERT BIS ENTSETZT:
Die steinerne Fratze am Michaelerbrunnen könnte sich wie dereinst ganz Wien erregen über das Loos-Haus am Michaelerplatz, das umstrittene »Haus ohne Augenbrauen«. Die Entrüstung über neue Architektur hat in Wien Tradition – doch nach spätestens hundert Jahren legt sie sich.

Kartenspiel und die Daueraufenthalte in Bars und Kaffeehäusern, für immer wieder neu entdeckte, fanatisch betriebene Sportarten vom Fechten bis zum Skifahren, für Konzert-, Theater- und Kinobesuche. »Ich leide an Horizonterweiterung«, klagt er. Und dennoch sind es vor allem die Frauen, die ihn beschäftigen, »schöne Frauen mit schmalen Gesichtern«[46]. Kaum ein Tag vergeht, an dem nicht zumindest eine Frau in seinem Tagebuch auftaucht. Lene O. oder Emma F. oder Anny H., manchmal stehen dort auch nur die Initialen und harte Kommentare: »dumm«, »häßlich«, »schrecklich«. Oder zynisch knapp: »Es wird nicht lange dauern.«

Es gibt viele dieser rastlosen Männer wie Perutz. Sie sind hochbegabt, wissen es und werden nicht anerkannt oder sogar befehdet. Ob sie schreiben, malen, dichten oder Häuser bauen – sie suchen bei den Frauen jene Bestätigung, die ihnen anderswo versagt wird, und es sieht so aus, als könnten die Frauen auch nichts Besseres tun, als ihnen das Verlangte zu liefern.

»Den Wiener Frauen«, hat Otto Friedländer rückblickend auf jene Jahre zwischen 1900 und 1914 behauptet, »fehlt es an Mut, Eigenart, Phantasie, Leidenschaft – kurzum an Persönlichkeit, und darum haben sie auch auf Männer überhaupt keinen Einfluß.«[47]

Das Einzige, was Friedländer ihnen zugesteht: »Die Wiener Frauen sind hübsch: sie haben im Geschmack von 1900 gute Figuren, einen schönen Teint, schöne Haare, gute Zähne.«[48] Es klingt fast so, als rede er von Pferden.

Glauben wir Friedländer, kann die Wienerin mit diesen äußeren Reizen einen Mann bestenfalls wärmen, aber nicht heiß machen, denn es fehlt ihr an Pfeffer: »Ein Temperament, das nach kühnem Ausdruck verlangt, hat die Wienerin nicht. Sie ist recht schüchtern und geschreckt, sie möchte ganz gern, aber sie traut sich nicht.«[49]

Kaum einer der großen Künstler im vermeintlich goldenen Wien kommt zurecht mit den Frauen, und jeder findet eine andere Erklärung dafür.

Er brauche einfach keine, behauptet der Kulturgelehrte Egon Friedell, »Mastodon« genannt wegen seiner mächtigen Figur, der im obersten Stock seines Mietshauses mit zwei Frauen lebt, die sich um ihn kümmern, einer alten Tante und einer Haushälterin.

Und die anderen sagen, sie fänden keine, trauten keiner, hielten von keiner genug oder so wenig, dass sie bestimmt nichts mit ihr haben wollten. Außer sexueller Erlösung, und dafür reicht allemal, was eine Zufallsbekanntschaft bietet.

Für diese Männer ist das *Café Museum* der richtige Ort.

Und dann taucht irgendwann der Sohn eines Prager Handschuhfabrikanten hier auf, ein rundlicher Mann mit einer überhohen, überbreiten Stirn und den Lippen einer Frau. Man kennt ihn in Wien, weil seine Werke mit denen von Thomas Mann verglichen werden, also mit denen eines Erfolgsautors, und solche fehlen in der Stadt, im ganzen Land. Doch dieser Mann passt nicht hierher ins *Café Museum*, nicht einmal seine Kleidung passt hierher, dieser priesterliche dunkle Rock und diese plastronartige, weiche, in den Augen von Loos kriminell üppige Krawatte. Auch seine literarischen Vorlieben wirken geradezu reaktionär in einem Etablissement, in dem revolutionäre Künstler wie Csokor, Schönberg und Musil verkehren: Goethe ginge ja noch, aber Claudius, Liliencron und Mörike?

Kritisch, angewidert, auch fasziniert beobachten die anderen diesen genusssüchtigen Mann, Franz Werfel, »der von Tag zu Tag dicker wird und über den man erzählt, er habe sehr wenig Glück bei den Frauen. (Das ist sein größtes Unglück.)«[50] Das zumindest behauptet der kritische Beobachter Emil Szittya, der sich für den Poeten nicht begeistern kann. »Er hat sehr matschige Hände und sieht gar nicht so idealistisch aus (und ist es auch nicht) wie ihn die Träumerin (leider sehr wenig Seherin) Else Lasker Schüler gezeichnet hat.«[51]

Doch eben weil er mit den Frauen Schwierigkeiten hat, passt er letztlich genauso gut hierher wie Schönberg und Altenberg, wie Musil oder wie Polgar und der ebenso verschuldete wie dandyhaft elegante Skandalarchitekt Loos, der sich vor Verehrerinnen nicht retten kann.

»Alle alten reichen Frauen in Wien waren in ihn verliebt«, behauptet Emil Szittya.[52] Und damit hat auch Loos ein Frauenproblem – und ein Eintrittsticket in sein Café. Denn er liebt die jungen, die ganz jungen und die zu jungen Frauen. Lina, seine erste Ehefrau, ist zwanzig Jahre jünger, Elsie, die dritte, wird fast dreißig Jahre jünger sein. Und muss noch erleben, wie Loos angeklagt wird, kleine Mädchen missbraucht zu haben, wenngleich sich herausstellt, dass er

sie nur nackt gezeichnet hat. Die erwachsenen Frauen, die ihn beeindrucken, kann Loos sich nicht leisten. Will es wohl auch nicht.

»Er hatte großen Respekt vor den wirklich großen Kokotten«, erinnert sich Elsie Altmann später. »Er bewunderte ihren Geschäftsgeist, ihren guten Geschmack für Kleidung und ihre Prinzipien.« Und rechnete Elsie vor, warum es sich lohne für einen Geschäftsmann, für eine solche Frau an einem einzigen Abend 1500 Kronen auszugeben. »Wenn das mit ihr Schlafen 1000 Kronen kostet, das Essen kostet 500.«[53] Mit einer Frau dieser fragwürdigen Luxusklasse gesehen zu werden, steigere das Image, festige den Ruf, bei Kasse zu sein, und erhöhe damit die Kreditwürdigkeit, und ein neuer Kredit sei mehr wert als lumpige 1500 Kronen, weiß der chronische Schuldner Loos.

Doch mit einer Kokotte zeigt sich keiner im *Café Museum*, es fehlt einfach am richtigen Publikum. Dort sitzen nur solche, die träumen von den unbezahlbaren Vorführdamen, von den unerreichbaren Göttinnen, von den minderjährigen Engeln oder von einem Mutterbusen, der sich niemals verweigert. Und sie hängen paffend diesen Träumen nach, dümpeln im Nichtstun, ausgestellt wie im Aquarium.

Düstere Tage und schwarze Nächte können im textilfreien *Museum* nicht durch Gardinen ausgesperrt werden, sie stehen vor den nackten Fenstern, als starrten sie in den nackten Raum. Und was sie sehen, die Tage und die Nächte, sind Fluchtversuche der Unverstandenen ins Delirium, banale Irrungen, die oft schwere Verwundungen zeitigen, Verwechslungen, die ihre Richtigkeit besitzen.

Wenn es überhaupt irgendeine Frau gibt, die hierher ins *Café Museum* passt, dann ist es Liesl Oestreicher, ehemals goldblond, nun rothaarig geworden. »Der Schmerz, dass sie die Lieblingsfarbe ihrer Haare verloren hat, machte sie zur Dichterin«, lästert einer der Männer, die sie beobachten.[54] Auf sie trifft zu, was Friedländer von allen Wienerinnen behauptet: Sie hat etwas Verschrecktes, Schüchternes und traut sich nicht. Von einer strahlenden Siegerin hat sie so wenig wie von der Femme fatale Alma Mahler. »Sie ist ein unheimlicher Pechvogel. Sie hinkt ein bisschen. Sie findet in jedem Essen ein Haar. Die Elektrische fährt ihr immer gerade vor der Nase fort. Sie war einst sehr schön und verspielte ihr Leben in der Liebe für ihr Goldköpfchen. Heute schwärmt sie für viele Männer und, wie mir scheint, auch für Kinogrößen«, erklärt Szittya. Und er kann es natürlich nicht unterlassen, den Klatsch weiterzuflüstern, der ihm über Liesl zugetragen wird: »Böse Zungen behaupten, sie habe noch nie mit einem Manne zu tun gehabt.«[55]

Dennoch scheint sie bei den verlorenen Seelen im *Café Museum* gut anzukommen, wenn sie von einem der kleinen nackten Tische zum nächsten huscht, ins Gewölbe pafft und einen Satz formuliert, der so makellos sitzt wie die Knize-Anzüge des Adolf Loos. Karl Kraus behauptet, sie schreibe die besten Aphorismen in Deutschland, und sie erscheinen immerhin in der *Vossischen Zeitung*. Doch was Männer angeht, ist ihre Treffsicherheit weniger ausgeprägt. Diejenigen, die Liesl wollen, will sie nicht, und gerade diejenigen, die sie nicht wollen, will sie.

»Es ist ein Irrtum, wenn man glaubt, es habe im *Café Museum* keine Männer gegeben, die in Liesl Oestreicher verliebt waren. Auch solche gab es, Gott sei Dank. Zu diesen gehörte Leo Wachsmann. Er hatte einen schönen Kopf mit gekrausten schwarzen Haaren. Er war Kaufmann und verbreitete über sich die Nachricht, er sei der zukünftige Napoleon des Wirtschaftslebens. Er begann die Napoleonische Karriere mit Schiebereigeschäften und [...] glaubte, es zieme sich für einen zukünftigen Napoleon, homosexuell zu sein, und das war es, was die feinnervige Liesl Oestreicher von ihm abstieß.«[56]

Männer gibt es mehr als genug im *Café Museum* für die wenigen Frauen, nur sind die meisten nicht geeignet für eine längere Beziehung. Gerade wenn einer aus soliden kleinen Verhältnissen kommt, ist er womöglich alles andere als solide.

Stammgast im *Museum* ist zum Beispiel Gustav Schütt, Sohn eines Schuhmachers aus der Vorstadt von Wien. Er ist Maler, verkauft kaum Gemälde und verschafft sich Kleingeld durch einen Nebenerwerb, der Damen wenig entzückt: Er züchtet weiße Mäuse, die er dann an die sogenannten Planetenverkäufer, die Wahrsager auf der Straße, verkauft. Er hätte durchaus etwas zu erzählen, denn er hat schon mit 16 auf Capri bei Diefenbach gelernt. Damals, als Capri den Ruf eines elitären Sündenbabels genoss, war er als selbst ernannter Theosoph zu Fuß durch Italien gewandert. Auch durch Deutschland, Österreich und die Schweiz.

Doch in Ascona, behauptet Augenzeuge Szittya, »dem Nest, wo andere verrückt werden, kam Schütt wieder zur Vernunft. Er kehrte der Theosophie den Rücken und wurde Alkoholiker.« Die Folgen konnte jeder durch die ungeschützten Fensterscheiben des *Café Museum* beobachten: »Wenn Schütt nur ein bißchen betrunken war, entkleidete er sich, selbst wenn er sich in der feinsten Gesellschaft befand, und fing an, mittelhochdeutsche Gedichte zu rezitieren und zu tanzen.«[57]

Was soll eine Frau mit so einem Kerl, der sich erst auszieht, wenn er mit ihr bereits nichts mehr anzufangen wüsste? Wobei berechtigte Zweifel bestehen, dass er das überhaupt je wollte.

Desinteressiert sehen die Frauen zu, wie das *Café Museum* zur Bastion der Männer wird. Doch dann wird es selbst für die Stammgäste uninteressant, denn der nackte Raum wird im Sinne der von Loos gehassten Gemütlichkeit entstellt, verstellt, zugestellt, wird Platz für zufluchtsuchende Einwanderer, für Menschen, die das System stürzen wollen, also für Kunst gar keine Zeit haben.

»Das *Café Museum*«, lautet Szittyas Todesurteil, »hat seine Wichtigkeit seit der Revolution verloren. Es ist heute das Zentral-Café der kommunistischen Emigranten Ungarns.«[58]

Wo, fragten sich die Kellner im *Museum*, ist denn dieser nette Herr Werfel geblieben, der ordentlich angezogen war, nicht herumkrakeelte, sondern bestenfalls zu fortgeschrittener Stunde Tenor-Arien von Verdi sang, der zwar niemandem Geld lieh, aber erfreulich viel ausgab für Wein, das Gulasch, die guten Zigaretten und Zigarren? Dem es gar nicht viel ausmachte, wenn ein Hungerleider wie der verzweifelte Ottfried Krzyzanowski an seinem Tisch stand, den viele für seinen Nachnamen bestraften, indem sie ihn mit Vornamen Otmar nannten. Werfel hatte es keineswegs den Appetit verdorben, wenn ihm dieser Ottfried beim genüsslichen Verzehr einer Rindssuppe, eines Lungenbratens, gefolgt von Marillenknödeln, zusah und dann meinte, er habe nun den Glauben an Gott verloren. Dieser Werfel war ein vernünftiger, ein zahlender, ein verlässlicher Gast gewesen. Auch als Krzyzanowski Jahre später in seiner Kammer verhungert, löst das wenig Mitleid aus. Er hat, heißt es, diesen Tod gewollt, weil er zu seinem Leben passte.

Mitleid hingegen findet Franz Werfel. Es spricht sich herum, dass sie ausgerechnet ihn, diesen schwammigen Schöngeist, diesen Dichter ohne Muskeln, als Unteroffizier zur Artillerie eingezogen haben. Dass er, als habe er sich selber außer Gefecht setzen wollen, bei einem Heimaturlaub aus der Drahtseilbahn gesprungen ist. In den Augen der

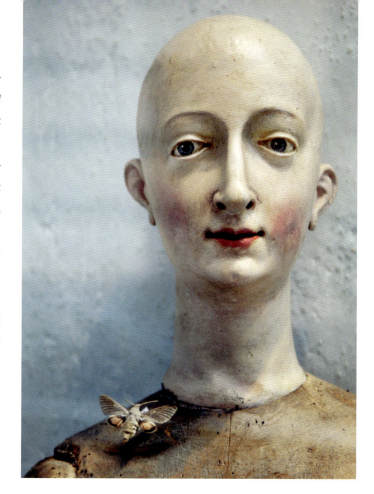

Militärs kein Unfall, sondern ein Akt der Selbstverstümmelung und damit ein Verbrechen. Urteil des Kriegsgerichts: Strafversetzung an die russische Front.

Doch dann ist der Herr Werfel auf einmal wieder da, denn der Werfel-Verehrer Graf Kessler hat nicht nur Mitleid mit dem Dichter, er hat auch Beziehungen und erreicht, dass Werfel im Wiener Kriegspressequartier landet, untergebracht im *Hotel Bristol*, fünf Minuten zu Fuß entfernt vom *Museum*.

Von den alten Stammgästen ist dort allerdings kaum noch einer zu sehen. Wie so viele Ehemalige betrügt Werfel das *Café Museum* nun mit dem *Herrenhof*, neue Wahlheimat der angeblich Unbehausten. Ist es die Einsicht, dass Kaffeehäuser nur Heimaten auf Zeit sind und ihnen immer etwas fehlt?

Doch nicht nur dieses Konkurrenzunternehmen ist schuld am Niedergang des *Museum*, sondern auch das weibliche Geschlecht. Im letzten Kriegsjahr, 1917, sucht Loos, mittlerweile 47, Zuflucht am noch nicht entjungferten

171

VORHERGEHENDE SEITE | KOPFGEBURTEN: *Wiens Antiquitätengeschäfte regen an, Dinge zu kaufen, die man gar nicht wollte und schon gar nicht braucht.*

LINKS | IM LEID VEREINT: *In der Operngasse liegt das Café Museum, für das Loos von vielen geschmäht wurde. Seinen Kollegen van der Nüll und Sicardsburg, die das Staatsoperngebäude entwarfen, ging es nicht besser als ihm.*

Körper einer 17-jährigen Tänzerin, Elsie Altmann, und kuschelt lieber mit ihr in der Wohnung unter einem dicken Plaid. Und Werfel sucht und findet Zuflucht am Busen der fast elf Jahre älteren Witwe Alma Mahler, also einem der stattlichsten Busen Wiens. Denn der ist momentan vereinsamt: Almas zweiter Mann, der Architekt Walter Gropius, steht an der Front – nicht jeder hat eben einen Gönner wie den Grafen Kessler. Ihre Gefühle für diesen Mann, mit dem sie Mahler noch betrogen hatte, wird Alma kühl erklären, seien »einer müden Dämmerehe gewichen. Man kann keine Ehe auf Distanz führen«. Als Gropius auch noch Urlaubssperre bekommt, verkündet sie: »Dieses Provisorium-Leben habe ich nun bald satt.«[59] Dabei dürfte es ihr nicht langweilig sein, mit der halbwüchsigen Tochter Anna, einem Kleinkind namens Manon und einem elitären Gästekreis, zu dem die Kulturprominenz der Stadt gehört, von Klimt bis Canetti, von Schnitzler bis Schönberg, von Horvath bis Hofmannsthal, Berg bis Friedell.

Und Alma arbeitet hart daran, diesen Kreis zu erweitern und auf Hochglanz zu polieren, denn es gilt, der Konkurrentin Berta Zuckerkandl zu zeigen, welche Salonlöwin stärker ist und mächtiger. Franz Blei, Universalgelehrter, handelt also im Sinne der Gastgeberin, wenn er als Gastgeschenk Franz Werfel mitbringt, von Gropius später als »Bleivergiftung« bezeichnet, von Alma hymnisch gefeiert als »das wunderbare Wunder«.

Dass Werfel links und jüdisch ist, muss der konservativen Antisemitin Alma zuwider sein, und sie macht auch kein Geheimnis daraus, dass sie solch ein »o-beiniger, fetter Jude mit schwimmenden Schlitzaugen« nur reizt, weil er hochbegabt ist, ihr sein Genie zu Füßen legt und sie anbetet als eine der »ganz wenigen Zauberfrauen«.

Alma siegt. Über den Altersunterschied, über Gropius' verzweifelten Widerstand, über Werfels anfängliche moralische Bedenken, über die Anziehungskraft des Kaffeehauses – Werfel wird sich kaum noch dort zeigen.

»Den Wiener Frauen«, hat Friedländer gemeint, »fehlt es an Mut, Eigenart, Phantasie, Leidenschaft – kurzum an Persönlichkeit, und darum haben sie auch auf Männer überhaupt keinen Einfluss.«

Café Museum, Operngasse 7, 1010 Wien
Tel. u. Fax 01/5 86 52 02
www.cafe-museum.at
E-Mail: cafe.museum@vivat.at
Öffnungszeiten: Montag bis Samstag 8–24 Uhr, Sonntag und Feiertag 10–24 Uhr
Der Grund hinzugehen: Wer die Wiener Gemütlichkeit fürchtet, findet hier absolut zuverlässig museumsreife Ungemütlichkeit.

FEUER AUF DEM DACH: *Hans Hollein, Österreichs wohl berühmtester Architekt der Gegenwart, wurde mit vernichtender Kritik bedacht für seinen Entwurf des sogenannten Albertina-Dachs.*

Café Prückel

Café Prückel oder
Die wunderbare Welt des Stilbruchs

STILKUNDE IM KAFFEEHAUS: *Im vorderen Teil des Café Prückel kommen die Liebhaber der 1950er Jahre auf ihre Kosten, doch Chefin Christl Sedlar-Palouda, rund um die Uhr aktiv und wie aus dem Ei gepellt, bedient in ihrem Kaffeehaus auch andere Geschmäcker.*

Propheten haben es leicht in Wien. Es ist eine einfache Übung, vorherzusagen, was in Wien übermorgen Kultstatus gewinnen wird: immer das, was heute niedergeschrien wird. Qualtingers *Herrn Karl* ging es da genauso wie dem *Haus am Michaelerplatz* von Loos, damals geschmäht als »Scheusal«, längst ein bewundertes Denkmal. Auch Gustav Mahler und Arnold Schönberg sind glänzende Beispiele dafür, denn die Wiener Kritiker wie das Wiener Publikum wollten sie nur in einem einzigen großen Haus gern sehen – in einer Irrenanstalt, wo ihnen das Papier weggenommen werden konnte. Die Hasstiraden der Rezensenten und die Ausfälligkeiten des Publikums waren so gewaltig, dass Schönberg sich erschießen wollte.

Auch Egon Schiele, dessen Werk heute wie das von Richard Gerstl die Attraktion der *Sammlung Leopold* darstellt, belegt jene Gesetzmäßigkeit: Wer von der Öffentlichkeit wie diese beiden auf dem Höhepunkt ihrer Schaffenskraft zum perversen, zersetzenden, bösartigen und schädlichen Nichtskönner erklärt wird, macht posthum Karriere. Fragt sich nur, wer so lange warten will, bis er nichts mehr davon hat. Nur gut, so gesehen, dass sich der Abstand zwischen Verunglimpfung und Anbetung verringert hat.

Besonders zügig kann ein Künstler den Blutdruck der meisten Wiener in die Höhe treiben, wenn er etwas baut, was nicht zu übersehen ist und nach Möglichkeit einen Stilbruch darstellt. Eines der erfolgreichsten unter den hypertonischen Mitteln ist zweifellos der Architekt Hans Hollein.

Doch die Wirkung seines *Haas-Hauses*, 1991 eröffnet, ist längst verpufft, die Klage des ehrenwerten Milan Dubrovic, »ein neuralgischer Punkt im sentimentalen Bereich der Wiener Seele« sei damit getroffen, ist verhallt. Es wurde Zeit für einen neuen Skandal. Und wunschgemäß hat ihn im Jahr 2003 der fast siebzigjährige Hollein geliefert mit dem Dach vor der aufwändig restaurierten *Albertina*, dem Stephansdom der bildenden Kunst, in dem Dürers *Hase* wohnt.

Dieses Gebilde aus eloxiertem Aluminium, beschwerte sich Elisabeth Leopold, Ehefrau ebenjenes Sammlers von Schiele, Gerstl und anderen einstmals Geschmähten, sei »ein Damoklesschwert über unserem Wien«. Damit nicht genug. Als »stilisierter Hitlergruß« wurde das schräg nach oben weisende Dach bezeichnet und nur als »neue Bedürfnisanstalt für Tauben« akzeptiert.

Loos bekam nach ähnlichen Freundlichkeiten ein Magengeschwür, Sicard von Sicardsburg einen Herzinfarkt und von der Nüll brachte sich um.

Ein kluger Mensch geht in so einer Situation schon aus Gründen der Selbsterhaltung ins *Café Prückel*. Ein Ort, an dem die Stilbrüche noch nebeneinander zu sehen und die Aufschreie quasi zu hören sind, der aber von den Wienern inbrünstig geliebt wird.

Betritt der Gast das Café vom Stubenring aus, ist er überzeugt, sich in ein gewissenhaft restauriertes Etablissement der fünfziger Jahre zu begeben, Petticoat-Stil mit Le Corbusier-Anspruch, erhellt von einem Kristall-Lüster aus dem

JUGENDSTILVOLL: *Wer zu »Damen« oder »Herren« hinabsteigt, betritt die elegante Welt der Jahrhundertwende.*

Hause Lobmeyr, ebenfalls stilreine fünfzig Jahre. Vor allem die Stehlampen entzücken den Kenner und Sammler dieser Ära, sie verströmen den Charme des Selbstgebastelten: kegelförmige durchlöcherte Blechschirme auf Bambusstöcken.

Der Professor Haerdtl, erfährt der Gast, habe diese Einrichtung entworfen, der berühmte Haerdtl, der das Wien-Museum neben der Karlskirche gebaut hat, den Österreichischen Pavillon auf der Weltausstellung in Brüssel, das Volksgarten-Tanzcafé, den *Espresso Arabia*... Was er sich damals anhören musste, ist aktenkundig. Und er wäre beglückt, sähe er hier, wie sein Werk, 1989 originalgetreu restauriert, bewundernde Blicke erntet.

Doch spätestens, wenn der Gast nach dem dritten Glas Wasser zum dritten Braunen ein menschliches Bedürfnis verspürt und vorbeischreitet an dunkel gebeizten Holzeinbauten, einer Telefonzelle rechts, einem Nichtrauchersalon links, ausgestattet mit Mobiliar, wie es Mussolini gefallen hätte, weitergeht in Richtung seines Zielorts, fällt sein Blick auf lauchgrün schimmernde Jugendstilfliesen. Spätestens wenn seine Hand ein geschmeidiges Jugendstiltreppengeländer mit originalen Messingappliken hinabgleitet, regen sich Zweifel an der wirtschaftswunderbaren Stilreinheit des *Prückel*. Auch dort, wo sich der Gast seines Dranges entledigt, sieht er sich vom Jahrhundertwendestil umgeben.

Aus der schönen Unterwelt aufgetaucht, erkundet er nun den hinteren, der Wollzeile zugewandten Teil des Cafés, früher von den Bridge-Spielern genutzt, und steht staunend unter einer hohen Decke, elegant stuckiert mit vergoldeten Blättern, ganz im Stil des Otto Wagner. Und darunter sieht er Tische, die jeder Händler ebenfalls mit gutem Erlös als Otto Wagner verkaufen könnte, auch wenn sie nicht von ihm stammen.

»Dass die Decke so schön erhalten ist«, verjagt die wissende Kommerzialrätin Christl Sedlar-Palouda, deren Großeltern schon 1919 das Café übernommen hatten, jeden Verdacht sturer Denkmalstreue, »das ist ein reiner Zufall. Die war in den Fünfzigern abgehängt worden, und als wir dann ab 1989 renoviert haben, da kam sie wieder heraus.«

Warum, fragt sich der Gast, wurde dann ausgerechnet der Ort der unreinlichen Bedürfnisse in Reinkultur erhalten? Von den Türen bis zu den Ablagen, dem Schleiflackmobiliar, den Fliesen, Waschbecken und Armaturen?

Alles noch so, wie es der Gründer dieses Kaffeehauses, Maxime Lurion, gestaltet hatte, der sein Geld mit der Einsparung von Zeit gemacht hatte und hier nun einen Palast zur Zeitverschwendung entwarf. Vom Radrennfahrer war

ENTRÜMPELUNG ODER DENKMALSSCHÄNDUNG? *Aufgewachsen in einer überdekorierten Welt, empfanden es die Eltern von Christl Sedlar-Palouda als Befreiung, die opulente Jugendstil-Ausstattung durch schlichtes Fünfziger-Jahre-Design zu ersetzen.*

das Sportidol jener Zeit zum Innenarchitekten mutiert und hatte im Gegensatz zu den gelernten Architekten in Wien offenbar die Gabe, es den Wienern recht zu machen.

Schon bei der Eröffnung 1903 lobte das Neue Wiener Tagblatt: »... kein auf Wirkung zielender ›Gschnas‹ empfängt die Betrachter in diesen hellglänzenden Räumen, sondern überall echte, auf tiefer Empfindung beruhende Kunst«.[60] Verwunderlich nur, dass zwar ein Blumen- und Palmenhain im neuen Etablissement erwähnt wird, ein Festsaal mit verschiebbarer Glastür, Club- und Gesellschaftszimmer, Kegelbahn und Wintergarten, doch ausgerechnet die sicher auch tief empfundenen Toiletten nicht. Dennoch galt und gilt ihnen die liebende Aufmerksamkeit der Besitzer, denn das hat in Wien Tradition und kommt nicht von oben, wie das *Albertina*-Dachl, sondern aus der Seele des Volkes.

Die Bedürfnis-Pavillons, die in der Zeit des Malerfürsten Makart errichtet wurden, hätten durchaus fürstliche Gartenhäuser sein können. Und es wurde dem Magistrat verübelt, als er die meisten dieser *Häusl* in den 1950er Jahren abzureißen begann. Dann aber wachten die Wiener auf und verteidigten diese Denkmäler, in denen auch verschlossene Menschen sich öffnen und künstlerisch Unbegabte dem Formlosen Gestalt geben, Zeichen setzen und erkennen, was in ihnen steckt. Das Denkmalamt überwachte die Restaurierung der Toilettenanlagen auf dem St. Marxer Friedhof, errichtet zu Beethovens Lebzeiten, damit jedes Detail historisch korrekt in Stand gesetzt wurde. Und kurz danach wurde für zwölf Millionen Schilling jenes Baudenkmal restauriert, das neben der Pestsäule am Graben liegt und bei Führungen zu den Werken des Adolf Loos meistens vergessen wird: die von ihm entworfene Bedürfnisanstalt. Deren Rettung war 1977 noch gefährdet.

Die wissende Frau Sedlar-Palouda aber wäre niemals auf die Idee verfallen, an solchen Örtlichkeiten etwas zu verändern. Sie weiß, welche Stilbrüche in Wien verkraftet werden und welche nicht. Vor allem aber besitzt sie die Gabe, die Bedürfnisse der Wiener in jeder Hinsicht zu kennen. Das Zeitungsangebot im *Café Prückel* ist tagesfüllend, und die Zeitungshalter mit der Aufschrift *Café Prückel* sind ein Verkaufserfolg. Ein Kaffeehaus ohne Zeitungen wäre ebenso erfolgreich wie ein Kaffeehaus ohne Kaffee.

Schon 1704 berichtete ein französischer Tourist namens Freschot: »Die Stadt Wien ist voller Kaffeehäuser, wo die Novellisten oder diejenigen so sich um Zeitungen bewerben, wie an anderen Orten zusammenkommen, die Gazetten lesen und sich darüber unterreden. Einige von diesen Häusern sind im besseren Rufe als die andern, weil stets solche Zeitungsdoctores hineinkommen [...], um sich mit Märchen- und Narrenpossen zu bereichern, die sie hernach kreuzweise durch die Stadt wiederum an den Mann bringen.«[61]

Zeitungen waren auch überlebensnotwendig für die Dichter, denn nicht an der Veröffentlichung ihrer Werke, sondern an kleinen Beiträgen dort verdienten sie. Milan Dubrovic kratzte, bevor er festbestallter Kulturredakteur wurde, das lebensnotwendige Geld mühsam mit Artikeln hier und dort zusammen und ließ sich vom Kellner demonstrativ das *Hamburger Tagblatt* bringen, eine Zeitung in übergroßem Format, größer als die Londoner oder die New Yorker *Times*. »Also bitte«, schimpfte er. »Und *die* schicken mir etwas wegen Raummangel zurück!«[62].

Zeitungen wurden in Wien immer sehr ernst genommen, sogar ihre Druckfehler. Als der von Egon Friedell erwähnte Dichter Hamsun in der Zeitung zu einem Haresu geworden war, befand die Leserschaft den Namen für echt und Friedell für gut. »Er klingt so japanisch. ›Haresu‹! Wenn es ihn auch nicht gibt, ist er wert, erfunden zu werden!«[63] Und schon verselbständigte sich der Druckfehler in Friedells Hirn und gebar dort das, was seine Freunde »eine Zuzelgeschichte« nannten.

Wenige Tage später stand im Feuilleton des *Neuen Wiener Journals*, Friedell sei von interessierten Lesern nach Details über Haresu gefragt worden, und der offenbare Tragödienstoffe über die Brüder Ashikaga und Yjeyasu, den Tenno Yorimoto, Gedichte wie das über die lasterhafte Kirschblüte und die traurige Tatsache, dass der große Haresu nach dem Frieden von Shimonsoseki gestorben sei. Alles sprach wochenlang von Haresu.

Doch das große Zeitungsangebot erfüllte nicht nur den Zweck, Klatsch- und Gesprächsstoff zu liefern, es ersparte den Künstlern, für die Lektüre ihrer Verrisse und von Beiträ-

gen verhasster Schreiberlinge in den diversen Blättern auch noch Geld ausgeben zu müssen.

Mahler fetzte im *Imperial* jeden Morgen Berge von Zeitungen durch. So gesehen müssten im *Prückel* besonders die Architekten sitzen und fordern, ganz jugendstilgerecht in den Örtlichkeiten statt Zellstoff von der Rolle wieder zerschnittenes Zeitungspapier zu verwenden. Aber offenbar verdienen die Architekten so gut, dass sie sich die Blätter selber abonnieren. Und die Wiener überlegen, ob sie nicht den deutschen Dichter Hans Magnus Enzensberger adoptieren sollten, der erklärt hat: »Jeder Stadtbewohner weiß, daß die Architektur, im Gegensatz zur Poesie, eine terroristische Kunst ist.«

IM SPIEGEL DER KRITIK: *Das Gebäude, das nach Plänen von Hans Hollein an der Stelle des ehemaligen Warenhauses von Philipp Haas 1986 errichtet wurde, spaltete Wien — manche fanden es grandios, die meisten grässlich.*

Dafür geraten die in der Öffentlichkeit herumstehenden Terrorakte nicht so rasch in Vergessenheit wie die Poesie.

Robert Schindel, seit Jahrzehnten schon Stammgast im *Prückel*, ist ein gerühmter, vielfach preisgekrönter jüdischer Poet, einer der weisesten Überlebenden im Lande — fast seine ganze Familie war umgebracht worden. Aber er, mittlerweile über sechzig, meditiert bescheiden über seiner *Prückel*-Crème: »Ich kann mir nur wünschen, daß, wenn ich achtzig werde, mich ein einziges Gedicht um zwanzig Jahre überlebt.« Vielleicht sollte er es auf die Fliesen in den *Prückel*-Toiletten schreiben. Damit es eine Chance hat.

Café Prückel, Stubenring 24 (Dr.-Karl-Lueger-Platz), 1010 Wien
Tel. 01/5 12 61 15, Fax 01/5 12 43 39-4
www.prueckel.at
E-Mail: prueckel@aon.at
Öffnungszeiten: täglich von 9 bis 22 Uhr
Der Grund hinzugehen: Die Ausscheidung des Kaffees findet hier in ebenso stilvoller Umgebung statt wie die Aufnahme.

DIE STADT UNTER DER STADT: *Wien liebt das Doppelbödige. Bereits 1444 schrieb Enea Silvio Piccolomini, der spätere Papst Pius II., das Wien unter der Erde sei ebenso groß wie die Stadt darüber. Durch Carol Reeds Verfilmung des Graham-Greene-Romans »Der dritte Mann« mit Orson Welles wurde das unterirdische Wien berühmt.*

Zum Schwarzen Kameel

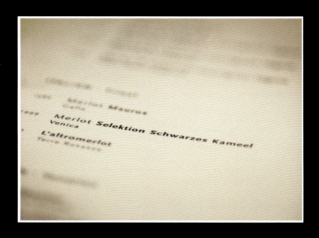

Zum Schwarzen Kameel oder
Das Unterirdische und das Überirdisch

LINKS UND FOLGENDE DOPPELSEITEN | STIMMIG UND STIMMUNGSVOLL: *Aus einem Guss ist nach wie vor die Ausstattung des »Schwarzen Kameels«, die bis ins Detail von Anton Fix und Auguste Portois entworfen wurde. Beide führten seit 1881 in Wien eine Firma, die Möbel, Tapeten, Marmorkamine, Dekorationsstoffe, Tapeten und Lampen herstellte. Wer dieses Niveau verlässt und sich in die erste Kelleretage begibt, erlebt dennoch ein kaiserliches Vergnügen — erst dort wird es unter der edlen Wirtschaft unwirtlich.*

»In der Vergangenheit«, hat Karl Kraus gesagt, »sind wir allen Völkern weit voraus.« Wer nach einer Besichtigung der Hofburg, als Zeuge der großen Vergangenheit, den Aufprall in der Gegenwart mildern möchte, geht zum Dinner in Wiens schönstes historisches Restaurant: das jugendstilvolle *Schwarze Kameel* in der nahen Bognergasse. Auf dem Weg dorthin blickt er jedoch zuerst einmal in einen Abgrund. Er klafft mitten im Michaelerplatz.

»Muss das denn sein?«, schimpfen viele, die dort stehen, und fragen sich, warum dieses unterirdische Zeug, das ordentlich zugedeckt war, ausgegraben und an die Oberfläche geholt worden ist. Es stört doch nur die Harmonie, dieses scheußliche Loch.

1990 waren die Archäologen direkt vor der Hofburg, unter dem Michaelerplatz, auf die römische Vergangenheit gestoßen, auf eine wichtige Kreuzung der Limesstraße und der Straße nach Scarbantia, dem heutigen Sopron, an der ringsum Werkstätten, Läden und Gasthäuser gelegen hatten. Als dann ab 1992 ein Teil der ausgegrabenen Mauern als archäologische Freiluftausstellung präsentiert wurde, um Einblick zu gewähren in den Untergrund der Stadt, begeisterte das nicht alle Wiener; viele fanden es beunruhigend, dass sich auf einem Platz, der zuvor so stabil und unerschütterlich gewirkt hatte, die Abgründe einer 2000-jährigen Vergangenheit auftaten. Was keinen Seelenkundler wundert — spricht es doch für sich, dass der Volksmund Freuds Begriff des Unbewussten zum Unterbewussten verdreht hat. Und dass es nicht nur Kindern, sondern auch Erwachsenen oft noch Angst einjagt, in einen unbekannten dunklen Keller hinabzusteigen.

Wer sich auf Wien einlässt, muss sich aber auf so etwas einlassen, denn diese Stadt ist so tief und ausgedehnt unterkellert, birgt unter der Erde so viele Grüfte und Bunker, Katakomben und begehbare alte Kanalisationen, so viele Theater-, Wein-, Museums- und Hauskeller, dass auf Dauer keiner deren Existenz verdrängen kann. Auch wenn er den in Wiens Untergrund nach Graham Greenes Roman gedrehten Filmklassiker *Der dritte Mann* nicht kennt.

Auf die Idee zu der Geschichte war Greene 1948 in Wien gekommen, wo sich in dem 1200 Kilometer langen Kanalnetz Schwarzhändler und Spione herumtrieben, die dort unbehelligt von den lästigen Kontrollen arbeiteten, die über der Erde beim Wechsel von der einen in die andere Besatzungszone üblich waren. Ein englischer Abwehroffizier, ein Landsmann, hatte Greene darauf aufmerksam gemacht.

»Nach dem Mittagessen zogen wir schwere Stiefel und Regenzeug an und machten einen Spaziergang unter der Stadt.«[64] Dort stiegen dem Schriftsteller die übelsten Gerüche in die Nase, aber sie betäubten nicht seinen Verstand: Er sah, wie symbolisch das kriminelle Treiben im Untergrund für die Verdrängung von allem, was Angst macht und verunsichert, sein könnte. Keiner von den besser Situierten oben wollte genau wissen, was hier unten los war, obwohl es eigentlich alle wussten.

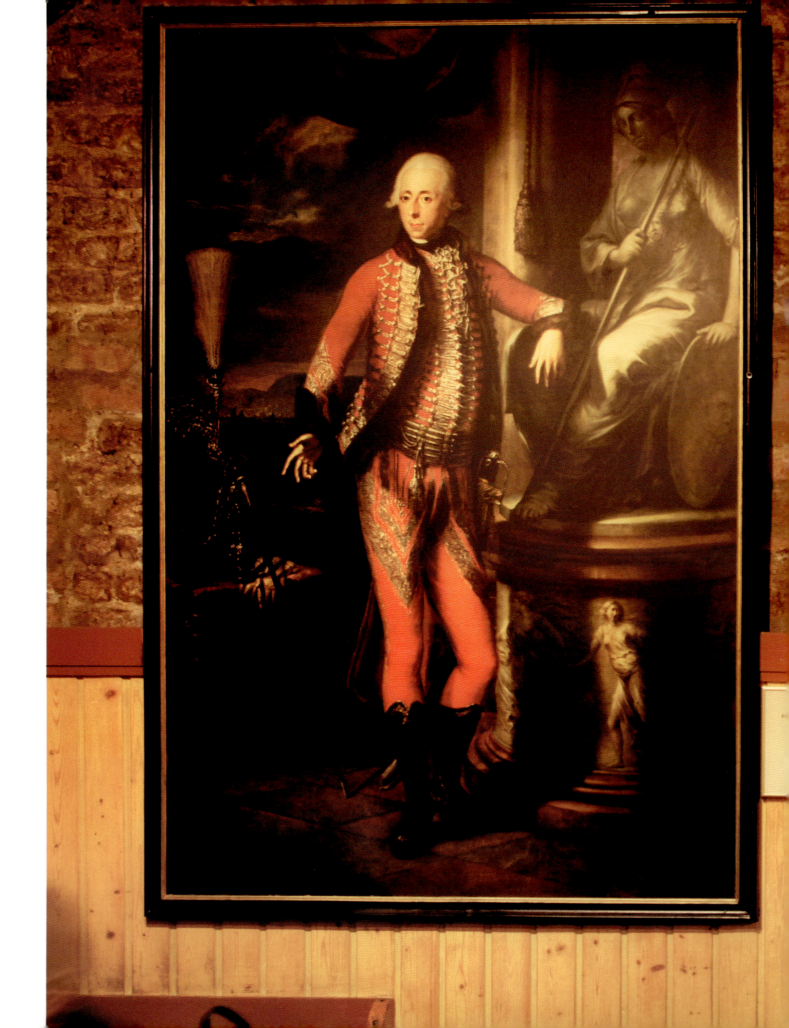

Greene war nicht der Erste, dessen Fantasie von den unterirdischen Gelassen angeregt wurde, was hier in Wien naheliegend ist; schließlich kam Sigmund Freud vor Ort auf den Gedanken, für verdrängte Familiengeheimnisse den Ausdruck »Leichen im Keller« zu prägen.

Und schon 1870 war in Wien ein ebenso trivialer wie erfolgreicher Roman von Arthur Storch erschienen über *Die Katakomben von Wien*. Diese unterirdischen Gelasse, von jeher genutzt als Fluchtburgen, Begräbnis- und Lagerstätten, wurden in diesem Schauerstück zum Ort von Verbrechen: Hier druckten Fälscher Banknoten, trafen sich verbotenermaßen Freimaurer zwischen Särgen und Skeletten, wurden zwei Priester und andere schuldlose Irrende ermordet.

Doch die Fantasie wurde von der Wirklichkeit, das Sinnbildhafte vom tatsächlich Grauenhaften eingeholt. 1894 brachten zwei Heizer einen Kollegen in jenem unsichtbaren Wien auf bestialische Weise mit der Axt um, und um die Jahrhundertwende wurden die Stollen, Gänge und Kammern die *Wiener Quartiere des Elends und Verbrechens*, wie es im Titel eines Buchs der Sozialreporter Emil Kläger und Max Winter hieß, das nicht etwa den Kitzel finsterer Geschichten lieferte, sondern ein Appell war, sich jener Unterwelt anzunehmen. Eines pestilenzialisch stinkenden Hades, in dem Obdachlose nicht nur ihre Nächte, vielmehr auch die Tage verbrachten, weil sie an den Fettfallen, den Fangnetzen und -gittern dort, wo Kanäle einmündeten, das Fett abschöpften, um es gegen ein erbärmliches Entgelt zu verkaufen. Dass sie dabei oft auch andere Funde machten, die durchaus von kriminalistischem Interesse waren, erfuhr die Polizei nur selten.

All das kannte man vom Hörensagen, und es nährte nur die Angst vor dem Keller. Schließlich wohnt dort unten nicht nur das Grauen, sondern auch die Sinnenlust, das Bacchantische.

Egon Erwin Kisch, der legendär gründliche Reporter, war auch dieser Dimension der Wiener Seele auf den Grund gegangen und hatte herausgefunden, dass schon im 18. Jahrhundert die Kellerkneipen eindeutig die Lieblingsschänken der Einheimischen gewesen waren. Im dunkel Höhlenhaften fühlen sich auch diejenigen geborgen, die sich lachend auf die Schenkel schlagen, wenn ihnen einer erklärt, das habe mit der gebärmütterlichen Vergangenheit zu tun. Und die es absurd finden, wenn einer behauptet, es sei doch verräterisch, dass ihnen die Treppen aus dem Gewölbe hinauf ins Licht, zurück ins Leben, so beschwerlich vorkommen. Das ist doch eine Frage der Promille, nicht der Psyche, oder?

Sicher ist, dass die Wiener den Weg hinab in die Unterwelt gerne auf sich nehmen, ob der Weg in den *Esterházykeller* oder den *Augustinerkeller* führt, in den *Zwölf-Apostel-Keller* oder den *Wiener Rathauskeller*, in den *Melker Stiftskeller*, den *Thomaskeller* oder den *St.-Urbanikeller*, lagern dort im Leib der Mutter Erde doch viele Flaschen mit der Milch der unfrommen

WAHRZEICHEN: *Mittlerweile ist der kaiserliche Bart von Maître Johann Georg Gensbichler so berühmt wie das Haustier, das Schwarze Kameel.*

Denkart. Und auch wenn ein Wien-Führer aus dem Jahr 1797 neben einer Liste der beliebtesten Weinkeller die Bemerkung wiedergibt: »Der gemeine Mann steigt in die unterirdischen Keller und trinkt dort Wein«[65], handelt es sich dabei traditionell keineswegs nur um gemeine, sondern oft um ungewöhnliche Männer, um Künstler, denen in unterirdischen Gefilden überirdische Eingebungen kommen. Und die aus den Tiefen des Rauschs aufsteigen zu himmlischer Genialität.

Zum Beispiel der heute vergessene Komponist, Dichter und Kritiker August Kanne, in Wien besonders erfolgreich mit der Oper *Orpheus und Euridice*, wo der Held bekanntlich in die Unterwelt hinabschreitet. »Er starb«, plaudert die Chronik über Herrn Kanne indiskret aus, »an den Folgen einer ausschweifenden Lebensweise, die seine Gesundheit und Schaffenskraft leider frühzeitig untergruben.«[66]

Es erscheint symbolisch, dass dieser Mann ebendort wohnte, wo sich heute über fünf Kellergeschossen, als Weinlager, Vorratskammer und Veranstaltungsraum genutzt, ein Restaurant von lichter Heiterkeit befindet. Im Jugendstil wurde es von *Portois & Fix* zu einem Ort ausgestaltet, der auch an düsteren Tagen leuchtet. In den tiefgelb schimmernden Jugendstilfliesen scheint wirklich der Abglanz eines Sonnenuntergangs zu liegen.

Zu Lebzeiten von Herrn Kanne, gern als »Trabant Beethovens« bezeichnet, sah es dort zwar noch anders aus, doch damals schon hieß das Etablissement *Zum Schwarzen Kameel*. Und die Liebe zu diesem Ort des Vergessens teilte Kanne mit dem verehrten, acht Jahre älteren Großmeister, der sich ungefähr im selben Alter wie er zu Tode trank – Beethoven mit 57, Kanne mit 55. Doch so ungern es Beethoven-Verehrer zugeben: Die beiden verband noch mehr als die Liebe zu diesem *Kameel*. Als Kannes *Orpheus* im Kärntertortheater uraufgeführt wurde, befand die Presse, das Opus sei durchaus gleichrangig mit Beethovens *Fidelio*. Kellerkinder sind hier wie dort unterwegs. Denn auch der Titelheld Fidelio, also Florestans treue Gattin Leonore, steigt in die Unterwelt eines erschreckend tiefen Kellers hinab, um ihren Mann zu befreien.

Ob sich Kanne und Beethoven im *Schwarzen Kameel* begegnet sind oder nicht, ist unklar, sicher ist: Beide schätzten das Lokal über ihre Verhältnisse, denn vom unsterblichen Meister sind neben einem Bestellzettel noch Schuldscheine vom *Kameel* vorhanden.

Fremde aber sollen in Wien nicht analysieren, sondern genießen. Dazu haben sie etwa bei einer offiziellen Führung durch das unterirdische Wien Gelegenheit.[67] Sie sollen auch nicht versuchen, sich im Labyrinth zurechtzufinden, sich vielmehr lustvoll verlaufen in Seitenwegen und Umwegen, Andeutungen und Beziehungen. Und im *Schwarzen Kameel* fällt es leicht, dem Vexierspiel von Verwirrungen und Irrtümern zu verfallen.

Seinen magischen Namen hat das Lokal von einem Gewürzkrämer, der aus Brünn kam, Johann Baptist Cameel hieß und an dieser Stelle 1618 eine *Specereywarenhandlung* eröffnete. Doch verwundert fragt sich der Gast, warum das schwarze Wappentier des Hauses nur einen Höcker hat, also eigentlich ein Dromedar ist, sich dafür aber mit zwei e schreibt. Der zoologische Irrtum ist erklärbar: Entworfen hat das Schild des *Schwarzen Kameel* nämlich Stammgast Ferdinand Georg Waldmüller, der zwar aus eigener Anschauung Schafe, Kühe, Ziegen und Hunde malen konnte, aber niemals ein Kamel zu Gesicht bekommen hatte. Der orthografische Irrtum hingegen hat wohl mit dem heiteren Gemüt des Johann Baptist Cameel zu tun.

Das Etablissement in der Bognergasse war und ist verwirrend. Doch so, wie die unterirdischen Gefilde Wiens auf magische Weise miteinander verbunden sind, so führen auch vom *Schwarzen Kameel* verwinkelte Verbindungsgänge zur großen Geschichte, auch zur Musikgeschichte der Stadt.

Die Wiener Philharmoniker verdanken ihre Gründung Otto Nicolai, besser bekannt durch *Die Lustigen Weiber von Windsor* als durch die dunklen Kanäle von Wien. Am 28. März 1842 dirigierte der 32-Jährige im Großen Redoutensaal ein »Großes Concert«, das vom »Sämmtlichen Orchester-Personal des k&k-Hof-Opernthesters« veranstaltet wurde und sich »Philharmonische Academie« nannte. Dieses Konzert gilt als die Geburtsstunde des Orchesters, denn damit begann eine Reihe Philharmonischer Konzerte, in der Nicolai auch Beethoven-Symphonien uraufführte. Der Verbindungsgang von Nicolai zum *Schwarzen Kameel* führt aber über Italien, über Verdi. Was nämlich Nicolai von Mailand nach Wien verjagt hatte, war der Krach mit seinem Impresario Merelli und der katastrophale Misserfolg seiner Oper *Il Proscritto* 1841. Den Vorschlag, als Nächstes ein erfolgversprechendes Libretto über Nabucco zu vertonen, lehnte Nicolai wütend ab und rauschte vom Po an die Donau. Doch auch dort musste er den Triumph mitbekommen, den Verdis *Nabucco* feierte; der Kollege hatte auf Merelli gehört.

»Wie sehr ist Italien in den letzten fünf Jahren gesunken«, lamentierte Nicolai von Wien aus. »Wer jetzt in Italien Opern schreibt, ist Verdi. Er hat auch den von mir verworfenen Operntext *Nabucodonosor* komponiert und damit großes Glück gemacht. Seine Opern sind aber wahrhaft scheußlich und bringen Italien völlig ganz herunter. Ich denke, unter diese Leistungen kann Italien nicht mehr sinken...«[68]

Gnädig, dass Nicolai nicht mehr miterleben musste, wie Verdi danach mit *Rigoletto* und *Il Trovatore* endgültig den Durchbruch zum Weltstar schaffte und den Erfolg jener ersten großen Schaffensphase mit *La Traviata* krönte, bis heute eine seiner populärsten Opern. Deren Stoff wiederum war den Wienern zu verdanken, auch wenn die Vorlage, *La Dame aux Camélias*, von Alexandre Dumas dem Jüngeren, also aus Paris, stammte. Wie aber war die Dame zu den Kamelien gekommen? Und die Kamelie, botanisch *Camellia*, zu ihrem Namen?

Die Spur führt ins *Schwarze Kameel*.

Georg Joseph Cameel, direkter Nachfahre des *Schwarzen-Kameel*-Wirts, wurde Apotheker und Jesuiten-Pater, nannte sich latinisiert Camellus und entdeckte während seiner missionarischen Reise auf den Philippinen einen Blütenstrauch, der nach ihm von Linné *Camelie* benannt wurde. Und der Duft der Blüten ist so dezent, dass man ihm nachspüren muss, so gründlich wie den weniger wohlriechenden unterirdischen Geheimnissen Wiens.

Es gibt eben viele Wege, die ins *Schwarze Kameel* führen, wenige sind so wenig offensichtlich wie der jener *Dame aux Camélias*. Ein anderer war der vom Kriegsministerium. Mancher Besucher hatte sich früher wohl gewundert, dass hier bis zum Beginn des Ersten Weltkriegs eine so gute Laune herrschte, denn kaum einer wusste von dem Gang, der dieses Haus direkt mit den Kellern des *Schwarzen Kameel* verband. Wem es zu mühsam ist, in die tiefe Vergangenheit des Hauses hinabzusteigen, der sollte sich einen in den geschichtsträchtigen Kellern gelagerten hundertjährigen Portwein gönnen und seinen Wissensdurst auf diese Weise stillen.

Zum Schwarzen Kameel, Bognergasse 5, 1010 Wien
Tel. 01/5 33 81 11, Fax 01/5 33 81 25 23
www.kameel.at
E-Mail: info@kameel.at
Öffnungszeiten: 8.30–ca. 23 Uhr
Der Grund hinzugehen: Wer eigentlich keinen Hunger hat, aber Appetit auf einen köstlichen Imbiss, der etwas kosten darf, trifft in der Bar des *Schwarzen Kameel* auf Gleichgesinnte.

Esterházykeller, Haarhof 1, 1010 Wien
Tel. 01/5 33 34 82
www.esterhazykeller.at
Öffnungszeiten: Montag bis Freitag 11–23 Uhr, Samstag und Sonntag 16–23 Uhr
Der Grund hinzugehen: Wer aus dem *Schwarzen Kameel* kommt, muss nur wenige Minuten wandern, um vor den 27 steilen ausgetretenen Stufen zu stehen, die in das Kellergewölbe führen, in dem die Familie Esterházy ihre schon im 17. Jahrhundert reichlichen Weinvorräte lagerte.

Wiener Rathauskeller, Rathausplatz 1, 1010 Wien
Tel. 01/4 05 12 10, Fax 01/40 51 21 92
www.wiener-rathauskeller.at
E-Mail: rathauskeller@verkehrsbuero.at
Öffnungszeiten: von 11.30–15 Uhr und von 18–23.30 Uhr
Der Grund hinzugehen: Ob im Grinzinger Keller (220 Personen) oder im Salon Ziehrer (60 Personen), ob im Rittersaal (240 Personen) oder im Ratsherrenstüberl (20 Personen): Wer hier unter dem Rathaus, seit seiner Fertigstellung 1883 Sitz der Stadt- und Landesregierung, tafelt, versteht auf einmal, warum der Bürgermeister Dr. Karl Lueger so erfolgreich sein konnte. Schließlich hat er mit einem ungemein originellen Hoch auf »Seine k. u. k. Apostolische Majestät, Kaiser Franz Joseph II.« damals den Bau eröffnet. Sein Weingeist weht durch die Gewölbe.

DEKORATION VERDECKT KONSTRUKTION: *Die* Hohe Brücke *über dem* Tiefen Graben, *im 13. Jahrhundert eine Holzbrücke über dem Ottakringer Bach, wurde 1903–04 von Josef Hackhofer neu gestaltet. Die tragende Konstruktion wurde verkleidet, die Unterschicht mit Wellblech, die Seitenansichten mit Marmor aus Carrara. Vor den Widerlagermauern lagen Geschäftseingänge im Stil alter Rollbalkenläden, die nur zur Dekoration dienten — der Raum dahinter war nur einen halben Meter tief.*

American Bar

American Bar oder Das Nackte als Feindbild

LINKS | DAUERGAST: *Selbst wenn die American Bar leer sein sollte — was nur nach Schließung am frühen Morgen der Fall ist —, bleibt Peter Altenberg präsent in seinem Porträt an der Rückwand.*

Menschen, die Geheimtipps befolgen, finden sich oft in Rudeln wieder. Deshalb ist in Wiens Nachtlokal-Geheimtipp Nr. 1 auch nur schwer ein Stehplatz zu bekommen.

Kein Wunder, denn die *American Bar* am Kärntnerdurchgang ist sogar in die Stadtpläne eingezeichnet. Was ist an ihr also noch geheim oder geheimnisvoll?

Es ist, als hafte diesem Etablissement noch immer der Geruch des Skandalösen an. Dabei sind die Zeiten vorbei, als die Bar, nicht weit vom Graben gelegen, Kontakthof war für das, was sich früher Grabennymphe nannte. Dass der Hof Badezimmergröße hat, schadete nicht. Doch seit mit der Renovierung Mitte der 1980er Jahre die käuflichen Wienerinnen aus der *American Bar* am Kärntnerdurchgang verschwunden sind, trinken dort, neben den Geheimtippkennern von auswärts, fast nur solche Wiener, die das Meiste, was aus den USA kommt, gut, überzeugend und nachahmenswert finden. Das ist aus Altwiener Sicht Verrat. Und einer der ersten Verräter war der Erbauer der *American Bar*, Adolf Loos.

Die Angst vor Amerika saß den Wienern immer in den Knochen. *Chicago* hieß das Schreckenswort, das bis heute nicht ausgedient hat. *Chicago* bedeutete und bedeutet noch immer Wolkenkratzer, Effizienz, sprich Gnadenlosigkeit, folglich Kriminalität und Unwirtlichkeit.

»Wien darf nicht Chicago werden«, schrieb die FPÖ bei der Landtagswahl 1996 auf ihre Plakate. Das europäische Chicago ist Berlin, und das soll diese Rolle gefälligst ein für allemal übernehmen. Begeistert hatte Mark Twain schon 1891 Berlin zum *European Chicago* erklärt und sich gefreut, dass er dort nicht behelligt worden war von dem üblichen abendländischen Plunder: »No tradition and no history. It's a new city.« Eine neue, traditionslose Stadt? Das sollte Wien niemals sein und niemals werden. Chicago – Berlin, das galt schon damals als Achse des rücksichtslosen Fortschrittsglaubens. Wien lag weit abseits davon im Reservat der Vergangenheitshüter. Daran würde keiner etwas ändern, davon war auch der aufgeschlossene Kritiker Ludwig Hevesi überzeugt.

Als der von ihm durchaus bewunderte Adolf Loos, zurück von einem langen USA-Aufenthalt, wo er 1893 auch die Weltausstellung in Chicago gesehen hatte, den *American Way of Life* propagierte, hoffte Hevesi: »Wien wird ihm auf die Länge Chicago austreiben.«[69] Doch das ist Wien nicht gelungen. Bester Beweis: die *American Bar*, auch einfach *Loos-Bar* genannt.

In einem Raum von 4,45 mal 6,15 Metern Grundfläche brachte der Architekt alles unter, was eine Bar braucht, die weltstädtisch sein will. Die Sitzplätze in intimen kleinen Kojen sind bequem, die Ausstattung ist luxuriös, der Tresen mit den hohen Hockern wirkt zeitlos elegant. Und durch den gekonnten Einsatz von Spiegeln wirkt die Bar auch noch geräumig.

Schon dieser Effizienz wegen war sie den Wienern von Anfang an nicht geheuer. Denn *Effizienz* ist ein Wort, das im

DETAILVERSESSEN: *Ob Polsterung oder Messingsockel, die American Bar pflegt ihre allesamt von Adolf Loos entworfenen Objekte ebenso gut wie die Bar. Leider wird die Kunst von den Gästen oft mit Füßen getreten.*

Wiener Wortschatz nicht vorkommt. Hingegen gibt es eine Vielzahl von Vokabeln, die modrige, muffige Gerüche bezeichnen, wie zum Beispiel das Verbum *miachteln*. Und das weist hin auf ein Grunddilemma, mit dem sich die Wiener seit altersher herumschlagen; sie haben Lust auf Frischluft und frischen Wind, schrecken aber zugleich vor Veränderungen zurück, vor radikalen erst recht.

»Es ist schwer, in Wien Veränderungen vorzunehmen, weil die erste Grundlage dazu sein müsste, die Stadt hier und da zu lüften, hübschere und geräumigere Plätze herzustellen, die krummen und engen Gassen gerade und breiter zu machen: lauter Dinge, die das Niederreißen vieler Häuser forderten.«70 So hat Johann Pezzl die Misere schon zu Mozarts Lebzeiten festgestellt.

Loos riss Traditionen und Konventionen nieder, was auch nicht viel besser ankam. Außer bei seinen Freunden. »Ein winziges herrliches Lokal«, entflammte sich Altenberg, als die Bar im Februar 1908 eröffnete. »Innen graugrüner Marmor und rotbraunes Korallenholz. Der Plafond aus weißgrauen Marmorplatten, kassettiert. Die Wand oberhalb der Tür ganz aus durchscheinenden gelbbraunen, wunderbar gezeichneten Onyxplatten, die milde erleuchtet werden durch elektrisches Licht. Das Ganze ist unerhört reich und dabei gar nicht überladen...« Einziger Mangel des reichen Etablissements: »In das Lokal haben nur Herren Zutritt.« Das ist in Altenbergs Augen schon deswegen unverzeihlich, weil es dort endlich Sitzgelegenheiten gibt, auf denen sich Frauen optimal präsentieren könnten – hohe Hocker vor einer Fußstütze. »Wie herrlich kann sich eine junge edelgegliederte Frau biegen, bücken, strecken, drehen, wenden«, schwärmt er.71 Die Herren, die sich dort aufhielten, hatten aber anderes im Sinn, als sich zu biegen, zu bücken, zu strecken, zu drehen und zu wenden, wie uns Oskar Kokoschka verrät. Obwohl manche an gekonnt präsentierten Männerkörpern durchaus Interesse hatten.

Da geht der provokante Maler nun ausnahmsweise in die teure *Loos*-Bar, »um einen unserer Freunde, einen jungen Finnen aus schwedischer Familie, zur Rettung zu beglückwünschen. Er studierte Gesang in Wien, und wir wurden schwermütig wie er, als er nach den Schubertliedern nachts im Stadtpark Lieder aus seiner Heimat sang.«72 Der junge Freund ist offenbar eine zwiespältige Erscheinung: »knabenhaft hübsch, blond-rosiges Haar und von delikatem Gesichtsschnitt wie Gainsboroughs ›Blue Boy‹, doch er hatte eiskalte blaue Augen«. Anscheinend wirkte dies weniger auf das weibliche als auf das männliche Geschlecht. »Er hatte«, erklärt Kokoschka vorsichtig, »merkwürdige Beziehungen zu Männern, besonders zu den robusten bosnischen Soldaten, die ihn einmal übel zerstochen, bewusstlos nachts im Stadtpark liegen ließen, wo ihn, halb verblutet, der Gartenwächter am Morgen gefunden und die Polizei verständigt

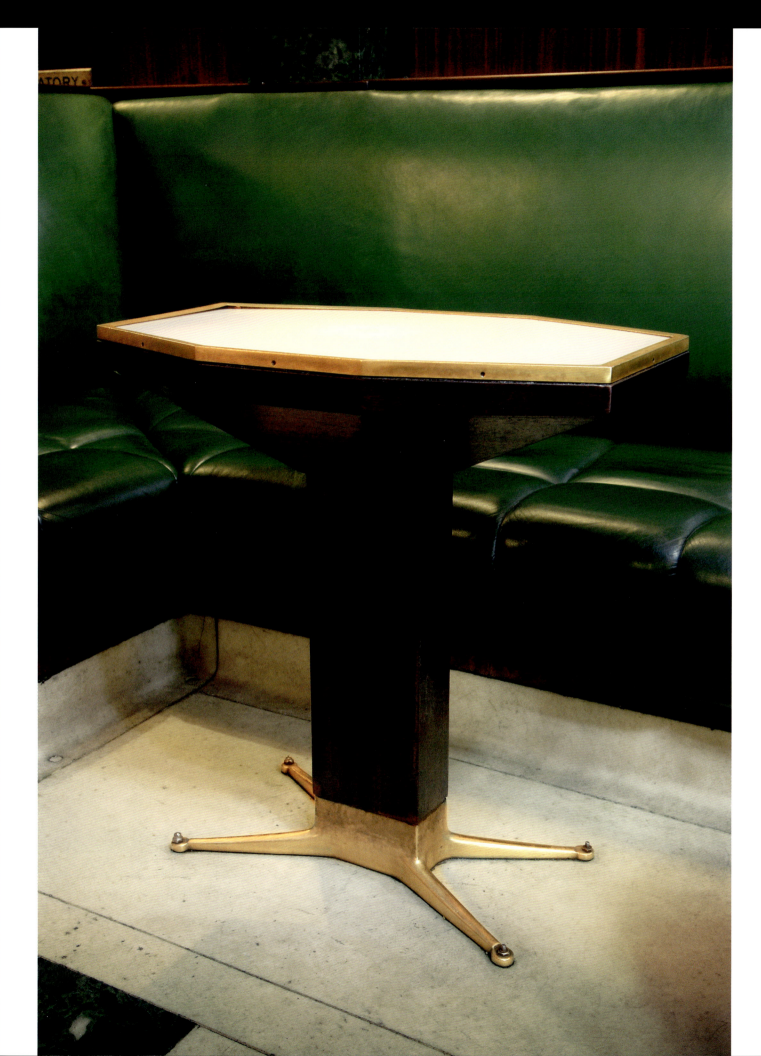

hatte. Die Ambulanz brachte ihn ins Spital, das ihn wieder zusammenflickte.«[73]

Diese Wiederauferstehung zu feiern, rotten sich die Freunde des Finnen in der *American Bar* zusammen, die sonst vor allem von Amerikanern besucht wird. Als die ihre Stammtische belegt finden, pöbelt einer, der bereits einen Vorsprung herausgetrunken hat, die jungen Gäste an. Kokoschka, groß, stark und friedfertig, will verhindern, dass sie sich mit dem Finnen anlegen, denn »dieser milde Mensch konnte unvermutet in Jähzorn geraten«.

Er nimmt an, als der Amerikaner ihn zum Saufduell herausfordert: Wer vom anderen unter den Tisch getrunken werde, müsse die Zeche für alle zahlen.

Kokoschka gewinnt, dankt seinem Schicksal und seiner Leber. »Wie hätte ich mich vor Loos schämen müssen, wenn es anders ausgegangen wäre, denn ihm hätte man, wenn es anders ausgegangen wäre, am nächsten Tag die Rechnung präsentiert.«[74]

Loos hätte sie, wie fast alle Rechnungen, nicht bezahlt. Und geschämt hätte er sich erst später, als dort jene Damen einzogen, die er nicht aus moralischen, sondern aus ästhetischen Gründen ablehnte. »Früher waren die Huren viel hübscher«, beschwerte Loos sich schon zehn, zwölf Jahre nach Eröffnung der *American Bar* bei Elsie, seiner Liebsten. »Die heutigen sind greulich. Aber in meiner Jugend hättest du sie sehen sollen.«[75] Da sahen sie aus wie die Frauen bei Klimt, die breithüftigen namenlosen Nackten mit schlanker Taille, der hatte sich seine Modelle fast alle aus dem Milieu geholt. Damals waren die Freudenmädchen noch wie Josefine Mutzenbacher, vielleicht nicht so erfolgreich, aber ebenso unverstellt. Und es ist kennzeichnend, dass in ebendem Jahr 1908, als die *American Bar* ihre Türen öffnet, die erste Rezension dieser »Geschichte einer Wienerischen Dirne« erscheint. Als Privatdruck, wie das Buch selbst auch, das schon zwei Jahre vorher im Handel war.

»Man kann ruhig sagen, es ist das Standard-Werk der erotischen Literatur«, begeistert sich der erste Kritiker. »Kein Geringerer als Arthur Schnitzler soll es geschrieben haben. Andere raten wieder auf Felix Salten. Energisch protestieren gegen diese Annahme werden wohl Beide. Und eigentlich mit Unrecht. Denn die Josefine Mutzenbacher ist ein Meisterwerk…«[76] Eines, das wie die *American Bar* Tabus

DISKRETION: *In den 1970er Jahren zum Kontakthof mit Grabennymphen verkommen, ist die American Bar heute ein Ort, der seinen Stil poliert. Bis zum Messingschild des besonderen Gastes.*

verletzt ohne jede Rücksichtnahme auf Konvention und Tradition.

Die Mutzenbacher ist eine Figur, die Loos durchaus sympathisch sein muss: pragmatisch, gradlinig und effizient. Es drängt sie heraus aus dem *miachtelnden* schäbigen Sattlerhaushalt der Eltern, aus der Enge einer Ottakringer Mietskaserne.

Oskar Wiener, Avantgardist der 1950er und 1960er Jahre, hat besser als jeder andere jene Welt beschrieben, aus der Josefine hinaus will: die der »kleinen bassenawohnungen der ehemaligen vorstädte mit ihrem mief und ihren muffigen dunkelbraunen kunsttischlermöbeln«.[77] Das waren exakt jene Wohnungen, deren symbolische Form die Bassena, das Gemeinschaftswaschbecken auf dem Flur, war, die Adolf Loos hasste, denn er hatte in Amerika gesehen, dass es kein Problem war, jede Wohnung mit einem eigenen Badezimmer und eigener Badewanne auszustatten. Die Mutzenbacher begibt sich ebenfalls auf den Weg von der Bassena zum Badezimmer und berichtet, wie sie sich diesen höchst effizient freischlägt. Ohne Schnörkel erzählt sie nackte Wahrheiten – ganz der Stil des Adolf Loos.

Die Figur der aufsteigenden Dirne provoziert wie die *American Bar* des Adolf Loos, provoziert alle, die gerne verhüllen, verbergen und zudecken. Was diese Bar bis heute skandalös wirken lässt: Sie tritt auf wie eine mondäne Prostituierte, die ihren reichen Kunden erwartet – selbstsicher und nackt. Doch ihrer Nacktheit ist anzusehen, dass sie teuer ist. Entkommen gibt es nicht mehr. Die Bar ist eng und intim. Sie hat jeden sofort im Griff. Sie fordert auf, sie fordert heraus. Direkt, unumwunden wie Josefine Mutzenbacher.

1908, das Jahr der *American Bar*, gerät zum Jahr der Enthüllungen.

Oskar Kokoschka zeigt sich selbst knochig nackt in seinem Buch *Die träumenden Knaben* und gesteht darin: »ich war ein taumelnder, als ich mein fleisch erkannte / und ein alles liebender, als ich mit einem mädchen sprach.«

Richard Gerstl, der von Loos bewunderte Skandalkünstler, malt sich, nicht lange vor seinem Selbstmord, in ganzer Figur völlig nackt. Ein Bild, das noch heute in der Sammlung Leopold viele schockt in seiner Schonungslosigkeit.

Arnold Schönberg enthüllt bei der Uraufführung seines Streichquartetts Opus 10, dass er sich verabschieden wird von der Tonalität und die Atonalität wagen wird, was zu einem der größten Skandale der Musikgeschichte führt. »Ich fühle Luft von anderen Planeten«, singt zu den Klängen des Quartetts eine Sopranstimme, eine Gedichtzeile Georges.

Luft von anderen Planeten? Frischluft vom Weltall in den Wiener Mief?

Keine Angst. Es *miachtelt* weiterhin. Das Feindbild des Nackten, des vermeintlich Amerikanischen, des Radikalen bleibt bestehen. Auch die Begehrlichkeit geht in Wien weiterhin verschlungene Wege. Noch lange. Durch den Keller unter der Loos-Bar schleichen sich in den ersten Nachkriegsjahren die Herren aus der Bar ins Nachbarhaus, in ein Animierlokal, das sie nicht von der Straße aus zu betreten wagen.

Was wenig später mit diesem Keller geschieht, gehört zu den vielen Zirkelschlägen, die kennzeichnend sind für die Wiener Kulturgeschichte. Er wird mit Schilfmatten ausgekleidet, »Strohkoffer« genannt, und nach dem *Artclub* macht ihn die sogenannte *Wiener Gruppe* zu ihrem Treffpunkt, zu der nicht nur H. C. Artmann gehört, sondern auch jener Oswald Wiener, der das hohe Lied auf Josefine Mutzenbacher sang. Und am Klavier spielten Friedrich Gulda und Joe Zawinul Jazz.

Auch diesen amerikanischen Import, lange und ausgiebig geschmäht, hatte Wien den Wienern »auf die Länge« nicht austreiben können. Obwohl die Traditionalisten, schon lange bevor die Nazis diese »Negermusik« verfemten, daran gearbeitet hatten: Emmerich Kálmán, geliebt für seine *Csardas-Fürstin*, wurde 1928 bespuckt für seine *Herzogin von Chicago*. Es hat zwar 76 Jahre gedauert, aber 2004 kam sie in Wien wieder auf die Bühne. Bei Kálmán finden übrigens die Alte und die Neue Welt, der kakanische Prinz und die amerikanische Milliardärstochter, zu guter Letzt zusammen. Allerdings nicht nackt.

Die Wahrheit sucht sich in Wien weiterhin schöne Hüllen.

In vollendetem Jugendstil, poliert bis in den letzten Winkel, bietet das *Hotel Orient* am Tiefen Graben den Service eines perfekten Stundenhotels, eine intime Bar – für Hausgäste – und selbstverständlich diskrete Hinterausgänge, sollte ein eifersüchtiger Ehepartner von der Goldenen Brücke aus den Eingang überwachen. Denn die nackte Wahrheit ist ein Feindbild geblieben. Sie soll sich halt was überziehen.

Loos American Bar, Kärntnerdurchgang 10, 1010 Wien
Tel. 01/5 12 32 83
www.loosbar.at
E-Mail: office@loosbar.at
Öffnungszeiten: täglich 12–4 Uhr
Der Grund hinzugehen: Dort ein Glas Champagner zu trinken, heißt vorübergehend Teil eines Gesamtkunstwerks zu werden.

Hotel Orient, Tiefer Graben 30, 1010 Wien
Tel. 01/5 33 73 07, Fax 01/5 35 03 04
www.hotelorient.at

VIEL LÄRM UM VIELES:
Die Großbaustelle des Burgtheaters, nach Plänen von Gottfried Semper und Karl Hasenauer 1874—88 errichtet, war wohl der Beweggrund für Franz Landtmann, sein florierendes, 1873 eröffnetes Café schon im Winter 1880/81 wieder zu verkaufen.

Café Landtmann

Café Landtmann oder Sigmunds Freude

LINKS | »TOTEM UND TABU«: *An Eingeborenenkunst aus Polynesien fühlt sich der Neuling erinnert, wenn er diese Säulen sieht. Doch er irrt. Freud, Experte für Täuschungen und Verfasser von »Totem und Tabu«, war nicht zufällig Stammgast.*

Eine Psychoanalyse zu absolvieren ist eine mühsame Sache. Das weiß man nirgendwo besser als in Wien, wo der Mann lebte, der sie zwar nicht erfunden, aber berühmt gemacht hat. Da heißt es jahrelang in sich gehen, was den meisten zu weit ist. Zumal der Weg ins *Café Landtmann* sehr viel kürzer ist.

»Unsere Torten«, heißt es nämlich im *Landtmann*, »sind Seelentröster«. Und so viele Menschen sind von der antidepressiven, stimmungsaufhellenden Wirkung der Mehlspeisen dort überzeugt, dass es rund um die Uhr schwer ist, einen Sitzplatz zu bekommen. Dass in dem Café neben viel Prominenz vom nahen Burgtheater und vielen Politikern auch Psychoanalytiker sitzen, die aus der Sigmund-Freud-Stiftung in der Berggasse 19 herübergekommen sind, stört keinen, weil man die eh nicht kennt. Und auch dass der Doktor Freud hier Stammgast war, seit er im Spätsommer 1891 mit Familie und Praxis im 9. Bezirk, in der Berggasse, eingezogen war, weiß kaum mehr einer, denn der Glanz anderer Namen im Gästebuch hat den seinen überstrahlt.

Wen interessiert ein Narrenarzt, dessen Erkenntnisse heute gern als restlos überholt unter den Teppich gekehrt werden, wenn da die Marlene Dietrich und der Gary Cooper waren, der Burt Lancaster und die Romy Schneider? Zudem schafft es das *Landtmann* nach wie vor, ständig Prominenz nachzuliefern, falls die von gestern in Vergessenheit geraten sollte. Man lebt dort gelassen damit, dass die Namen von Stargästen der zwanziger Jahre, Hedwig Bleibtreu oder Fritz Kortner, Paula Wessely und Max Reinhardt, den meisten so wenig sagen wie die aus den Anfängen des Theaters.

Nach dem Gipfeltreffen setzen sich hier die Staatschefs zum Kipferl zusammen, und jemand wie Hillary Clinton fällt gar nicht auf, allenfalls durch ihre Bodyguards.

Im *Landtmann* hat auch keiner Zeit für Deutungen, es gibt ja so viel zu schauen und zu genießen. Was die vier großen Totempfähle im Entrée sollen, interessiert weniger als die Frage, ob schon der erste Erdbeerkuchen da ist. Doch wer als Kulturreisender auf der Suche nach freudianischen Spuren festgestellt hat, dass nach dem Psychoanalytiker, heute wohl der berühmteste unter den ungelesenen Autoren auf dem Planeten, keine Straße, keine Gasse, geschweige denn ein ordentlicher Platz benannt ist, nur eine triste Hundewiese vor der Votivkirche, findet hier Befriedigung. Hier lebt Freud, in der Geschichte wie in der Gegenwart, in der Wirklichkeit und im Wunschdenken.

Leider nicht real, aber im Traum trifft sich hier ein Paar, zwei Menschen, die sich theoretisch noch hätten kennen lernen können. Doch als der Jüngere sich 1950 ins Gästebuch des *Landtmann* eintrug, war der andere schon elf Jahre tot. Helmut Qualtinger hat in jenem Jahr unter ein Selbstporträt die Worte »Die kleine Opposition (Café Landtmann)« und seinen Namen ins Gästebuch geschrieben, und da war Freud, 1938 im letzten Moment noch nach London geflohen, schon elf Jahre tot. Er konnte also auch nicht mehr Qualtingers berüchtigte Ballade vom Herrn Papa kennen lernen, so schonungslos und brisant wie die Theorien des Psychoanalytikers.

> *Der Papa wird's scho richten,*
> *das g'hört zu seinen Pflichten,*
> *dafür ist er ja da,*
> *der Herr Papa.*

Das ist die Kernaussage des Qualtinger-Klassikers. Nirgendwo besitzt sie mehr Gültigkeit als in Wien. Aber die Söhne, denen es gerichtet wurde, waren früher wesentlich lohnendere Investitionsobjekte als zu Qualtingers Zeiten. Leo Perutz, von Georg Stefan Troller zu »einer der gefürchtetsten Kaffeehausbestien von Wien« geadelt, trug gern Manschettenknöpfe aus Halbedelsteinen, war aber überlebensunfähig ohne die Finanzspritzen seines Vaters, der eine Firma für Ein- und Verkauf von Baumwolle betrieb. Franz Werfel zehrte freudig auf, was der Vater in Prag angehäuft hatte. Altenberg ging es gut, solange der Papa noch das Bohème-Dasein seines fürs vulgäre Arbeitsleben zu zart besaiteten Sohns finanzierte. Alle fanden das in Ordnung.

Karl Adler, der ebenso begabte wie unzuverlässige, unpünktliche und unordentliche Sohn von Victor Adler, versuchte sich einen Tag lang als Redakteur bei der väterlichen Arbeiterzeitung – jemand anderer hätte ihn auch nicht eingestellt –, vergaß aber prompt, den Schlüssel abzugeben, sodass die Zeitung am nächsten Tag zu spät erschien. Daraufhin erklärte der Papa dem Sohn: »In die Redaktion darfst du nicht mehr. Du kannst jeden Beruf wählen – und solltest du Mädchenhändler werden, so bitt' ich dich nur um eins: Liefere die Mädchen pünktlich ab.«[78]

Natürlich richten's aber in Wien, wie überall, den Söhnen nicht nur die Väter, sondern auch die Mütter. Mutter Adler hatte außer jenem Karl zum Beispiel noch einen zweiten Sohn, Friedrich, genannt Fritz, brennender Sozialdemokrat, der alles andere als faul war: Während sie am Bett ihres herzkranken Mannes saß, um dessen Schlaf zu bewachen, rief einer aus der Redaktion an und meldete: »Der Stürgkh ist ermordet worden.« Ein Mann mit Revolver hatte Ministerpräsident Karl Graf Stürgkh im Rindfleischparadies *Meißl & Schadn* am Neuen Markt erschossen, noch bevor der sein Menü, bestehend aus Reibgerstsuppe, Rindfleisch mit gedünstetem Kraut und Zwetschkenkuchen, beendet hatte.

»Wie furchtbar – wie wird sich mein Mann aufregen, das gibt wieder schwere politische Sorgen! Und gerade heute geht's seinem Herzen so schlecht! Weiß man schon, wer's getan hat?«

»Unser Fritz!«, flüsterte der Anrufer.[79]

Fritz hatte selbstredend edle Motive: Er wollte die Arbeiterschaft aufrütteln, gegen den verhängten Ausnahmezustand protestieren und vor allem dagegen, dass Stürgkh sich stur weigerte, die Volksvertretung einzuberufen. Beim Aufrütteln hatte Fritz allerdings etwas übertrieben.

Frau Adler hängte ein, setzte sich ans Bett, wartete zwei Stunden ab. Und teilte dann ihrem ausgeruhten Mann in gefassten Worten mit, was geschehen war. Aber sie tat noch mehr für ihren Fritz: Genau an dem Tag, an dem er gehenkt

»WIENS ELEGANTESTE CAFÉ-LOCALITÄT«:
So pries Franz Landtmann siegessicher sein Etablissement an, das er im schwarzen Jahr 1873 eröffnete, in dem der Börsenkrach und der finanzielle Misserfolg der Weltausstellung im Wiener Prater für Ernüchterung gesorgt hatten – das Landtmann lief dennoch.

FOLGENDE DOPPELSEITE |
WIENER BESPIEGELN SICH GERN SELBST:
»Manchmal weiß ich nicht, ob ich ein Wiener oder ein Mensch bin.«
Helmut Qualtinger

werden sollte, hatte sie Geburtstag. Daraus machte sie eine große Geschichte, und das Urteil wurde in Kerkerhaft abgemildert; Adler wurde 1918, zwei Jahre nach dem Attentat, begnadigt, bekam ein Abgeordneten-Mandat und stieg auf zum Sekretär der Sozialistischen Internationale. Die Mama hatte es gerichtet.

Während die Väter meist nur widerstrebend gerichtet haben, was die Söhne ihnen an Chaos bescherten, haben die Mütter, wahrscheinlich in weiser Einsicht in das Wesen des männlichen Wieners, bereitwillig erledigt, was nötig war.

»Der Wiener«, hat Otto Friedländer behauptet, »lebt von Feierabend zu Feierabend, von Sonntag zu Sonntag, von Urlaub zu Urlaub, und dazwischen wünscht er sein Leben weg. [...] der Wiener lebt für die Muße.«[80] Und wenn diese Neigung unterdrückt wird, bekommen der Doktor Freud respektive seine Nachfolger jede Menge Arbeit. So waren eben die prächtigen Ringstraßenpaläste, die fast alle aussehen wie das Palais, in dem sich das *Landtmann* befindet, quasi eine Arbeitsbeschaffungsmaßnahme für die Psychoanalytiker.

1857 waren in Wien auf kaiserlichen Befehl die Wälle abgetragen, die Mauern abgerissen, die Gräben zugeschüttet worden; anstelle der alten Befestigungsanlagen wurde der sogenannte Ring angelegt, ein Ring von immerhin vier Kilometern Umfang, der aber manchem dennoch die Luft abschnürte. Er war der Schauplatz des bürgerlichen Ehrgeizes, die Mustersiedlung der Gewinner, die sich wenig gegönnt hatten, bis sie oben waren. Als breite Repräsentationsstraße war er die Flaniermeile der im wahren Wortsinn bis oben hin zugeknöpften Bourgeoisie der Gründerjahre. Und leider vermachten die stolzen Ringstraßenväter ihren Söhnen nicht nur Geld, sondern auch Schwierigkeiten, und die hielten sich oft sehr viel länger als das Bare.

»Die Autorität, die dem Vater eigen ist, hat frühzeitig die Kritik des Kindes hervorgerufen; die strengen Anforderungen, die er gestellt, haben das Kind veranlasst, zur Erleichterung auf jede Schwäche des Vaters scharf zu achten«, schrieb der junge Sigmund Freud in den 1890er Jahren in einem Brief an Wilhelm Fließ. Die uns, dank Freud, heute logisch erscheinende Folge: Jene Söhne taten am liebsten nichts.

Doch das Nichtstun war leider teuer. Es begann mit einem späten ersten Frühstück im Kaffeehaus, setzte sich fort mit einem möglichst kräfteschonenden Spaziergang zu einem weiteren Café, in dem die neue Kleidung vorgeführt werden konnte, dort folgte das zweite Frühstück, und nach dem blieb nicht mehr allzu viel Zeit bis zu einem Tafelspitz im Sacher. Danach wurde, weil es der Herr angeblich den Seinen im Schlafe gibt, eine Mittagsruhe eingelegt, von der man sich bei einem weiteren Kaffeehausbesuch erholte. Um darauf nicht im Ernst des Lebens zu versinken und gesellschaftliche Kontakte zu pflegen, folgten in dem nächsten Café einige Runden Karten- oder Billardspiel, die mit eisernem Willen bis zum Aperitif ausgedehnt wurden. Nach dem wohlverdienten Souper gönnte man sich dann noch einen Ausklang des Arbeitstages im Nachtcafé.

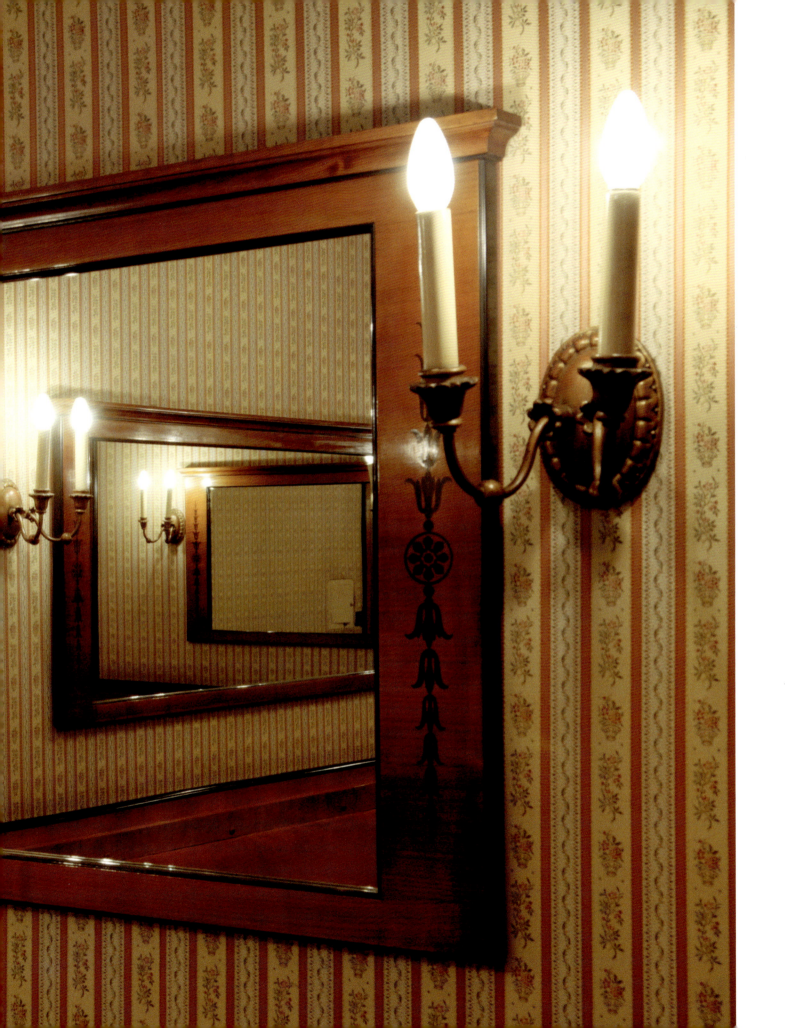

Wilhelm und Rudolf Kerl, die beiden hoffnungsfrohen jüngeren Söhne der früh verwitweten Amalia Kerl, waren Meister in der Gestaltung solcher Tagesabläufe. Die Mutter aber, die mit ihrem ältesten Sohn Eduard die familieneigene Seidenfabrik führte, fürchtete bald, ihre Söhne könnten in schlechten Ruf oder in schlechte Gesellschaft geraten, und beschloss, es zu richten. Was Väter können, können Mütter eben auch.

Und brauch'ich einen Posten,
dann losst er sich's was kosten,
sonst frag'ich mich, zu wos denn
ist er sonst da.

Am 24. Februar 1881 bekamen die Brüder Rudolf und Wilhelm Kerl vom Magistrat der k. u. k. Reichshauptstadt Wien die »Konzession zur Verabreichung von Kaffee, anderen warmen Getränken u. Erfrischungen, sowie von Liqueuren aller Art u. zur Haltung von erlaubten Spielen für die Stadt Wien«. Ort der hiermit genehmigten Verabreichungen: »Wiens eleganteste Café-Localität«, das *Landtmann*, das ein Herr dieses Namens erst acht Jahre zuvor, 1873, in der Hoffnung darauf eröffnet hatte, die Weltausstellung im Prater würde der Stadt Reichtum bescheren und ihm viele Gäste. Es war dann aber wohl nicht der Börsenkrach in diesem verheißungsvollen Jahr, sondern der Lärm der Burgtheater-Baustelle nebenan, der Franz Landtmann ins Privatleben vertrieb.

Die riskante Maßnahme der Amalia Kerl, den Bock zum Gärtner zu machen, erwies sich bei Wilhelm als erfolgreich – der trank, spielte, dinierte, soupierte und flanierte nun im eigenen Betrieb, schaffte es zwischendrin, der Pflicht genügend, nachzuschauen, was die Konkurrenz ringsum so trieb, schloss abends persönlich die Kasse und die Tür und legte sich im selben Haus schlafen.

Rudolf hingegen bezeichnete sich zwar weiterhin als Cafétier, war aber seit 1894 Privatier und ließ die Mama lieber alles richten: Bis zu seinem Tod wohnte er bei ihr in der Lindengasse 46.

Wilhelm hielt das anstrengende Berufsleben durch. Erst im Oktober 1916, als er das kulinarische Niveau nicht mehr halten konnte, als es keinen Schlag mehr zur Melange gab und Sacharin statt Zucker, gab er auf, verkaufte das Café und seine Wohnung im Landtmann-Haus und zog ebenfalls heim ins Haus der Mama. Doch die konnte nichts mehr richten. Und als dann die Ersatz-Mutter, seine tüchtige Gattin Fanny, am Heiligen Abend desselben Jahres starb, wurde aus dem Cafétier Wilhelm Kerl ein trauriger Einsiedler mit weißem Bart, der sich in der Gemeinschaftsküche

VERANTWORTUNGSTRÄGER: *Die Kellner im Café Landtmann sind oft besser gekleidet und erzogen als ihre Gäste — leider merken dies die Gäste nicht immer.*

durchfüttern ließ und 1922 dieses Dasein, in dem er sich stiefmütterlich behandelt fühlte, freiwillig verließ.

Der übernächste Chef im *Café Landtmann* bewies, dass die Väter, die es richten, nachwachsen, sonst wäre das Spiel ja auch rasch zu Ende. Konrad Zauner war aus eigener Kraft vom Piccolo in einem Wiener Beisl, direkt neben dem *Landtmann*, zum Hotelbesitzer in Bielitz aufgestiegen und 1926 triumphierend an den Ort seiner kümmerlichen Anfänge zurückgekehrt: Am 11. September kaufte er das *Landtmann* und beschloss, es umzubauen. Der Architekt Ernst Meller machte aus dem nostalgischen Kaffeehaus ein mondänes Etablissement, und der Bildhauer Hans Scheibner setzte vier handgeschnitzte Holzsäulen ins Entrée.

Damit war jedem klar, der die Grundlagen Freud'scher Symboldeutung kannte: Herr im Haus war keine Dame und auch kein Sohn, sondern ein Mann, der es sich selber gerichtet hat. Einer, der es auch anderen richten konnte. Dass auf den Säulen Szenen aus dem Burgtheater dargestellt sind, gibt den richtigen Hinweis: Die Schauspieler, meist hilflos in ihrer Eitelkeit und dem wahren Leben durch das Scheinleben entfremdet, waren die Söhne und Töchter, denen es Papa Zauner richten musste. Zufrieden berichtet die Hauszeitung einmal, dass Magda Schneider ihrem Mann im *Landtmann* ein Kleinkind namens Romy übergeben habe, um zu einer Filmbesprechung zu enteilen. Der Vater aber entsorgte das Kind dann schleunigst an Zauner und verzog sich ebenfalls zu Wichtigerem. Der Papa wird's schon richten.

Dass Romy das *Landtmann* quasi als Elternhaus empfand und dort, zum Star geworden, stolz mit der Wiener Hollywood-Legende Otto Preminger auftauchte, einem glatzköpfigen Mann, der leicht ihr Vater hätte sein können, deuten nur indiskrete Psychoanalytiker. Im *Landtmann* aber ist man diskret und deutet nichts. Bestenfalls deutet man auf eine Torte, die dann alles andere erledigt.

Café Landtmann, Dr.-Karl-Lueger-Ring 4, 1010 Wien
Tel. 01/5 32 06 21-0, Fax 01/5 32 06 25
www.café-wien.at
E-Mail: cafe@landtmann.at
Öffnungszeiten: täglich 7.30–24 Uhr
Der Grund hinzugehen: Hier beendet jeder Gast die Tortenschlacht siegreich und wird süchtig nach weiteren Siegen.

AUFSTIEG ZUR WELTSTADT: *Kaiser Franz-Joseph machte mit der Erbauung der Ringstraße aus Wien eine mondäne Metropole. Im Ringstraßen-Palais, das der Prinz von Württemberg verkauft hatte, wurde 1873, rechtzeitig zur Weltausstellung, ein kaiserliches Hotel eröffnet: das Imperial – aber auch die Königin von England findet es dort nett.*

Verführung auf eigene Gefahr oder Die Brisanz einer Geliebten

Nur widerstrebend lässt sich ein kluger Mensch auf sie ein. Auf diese Stadt, vor der ihn so viele gewarnt haben. Zu Recht. Denn Wien zu lieben, kostet mehr Kraft und Nerven als die meisten anderen topografischen Liebschaften im Leben. Langjährigen Liebhabern geht es da nicht besser als denen, die ihren ersten Annäherungsversuch riskieren.

Die Liebe zu Wien muss nicht nur nach außen ständig verteidigt werden, sondern auch nach innen. Dort, wo sie dem Liebenden selbst wehtut.

Erfahrene Männer wissen, wie viele Nadeln in einem neuen Hemd stecken: immer eine mehr. Sie verletzen sich also nicht weniger als die unerfahrenen.

Wer sich in Wien verliebt und sich deshalb ausgiebig mit jedem Wesenszug dieser Stadt beschäftigt, macht dieselbe Erfahrung: Kaum legt sich einer, sicher, nun wirklich jede Stelle der Geliebten zu kennen, in ihre Arme, sticht ihn etwas.

Die Leidenschaft für Wien ist nicht zu vermitteln in einer haargenauen Beschreibung, die jedes historische Detail ausleuchtet.

Wien ist eine Stadt, die Gefühle freisetzt. Und, weil sie so widersprüchlich sein können, kollidieren lässt. Dauernd Kollisionen im Bauch: Das macht deutlich, wie anstrengend diese Geliebte ist. Trotzdem – keine Angst vor dieser Stadt, die mehr Vergangenheit hat, als dem Liebhaber geheuer ist. Nicht jedes ihrer früheren Verhältnisse, jede ihrer kurzen Affären, ihrer langen und verheerenden Beziehungen muss ergründet werden. Wer will, dass andere die eigene Liebe zu dieser fragwürdigen Schönheit verstehen, muss von ihr erzählen ohne die Angst im Nacken, irgendein Detail zu vergessen.

Das hat die Autorin hier versucht. Und wie die übersehene Nadel schmerzt sie dennoch jedes Versäumnis. Von Gluck (Komponist, 18. Jahrhundert) bis Gehrer (Meisterkoch, 20. und 21. Jahrhundert), von Klimt (anfangs ungeliebter, dann vergötterter Künstler um 1900) bis zu Rainer (anfangs ungeliebter, dann vergötterter Künstler um 1970), von Schubert (Liedermacher, 19. Jahrhundert) bis zu Georg Kreisler (Liedermacher, 20. Jahrhundert), von Jahn (Caterer des Rokoko) bis Dogudan (Caterer der Gegenwart), von Fanny Arnstein (Salonlöwin des 18. Jahrhunderts im Palais Arnstein) bis zu Susanne Widl

(Salonlöwin des 20. und 21. Jahrhunderts im eigenen *Café Korb*), von Veza Canetti (intime Kennerin der Leopoldstadt) bis zu Qualtinger (intimer Kenner des nächtlichen Wien), von Arthur Schnitzler (Durchleuchter der Wiener Seele um 1900) bis zu Manfred Deix (Beleuchter des Wiener Wesens um 2000), vom Steirereck (Elite-Treff von heute) bis zum Sirck-Eck (Elite-Treffpunkt von gestern). Alle Personen und Orte dieser Aufzählung hätten ein eigenes Kapitel in diesem Buch verdient.

Wien ist eine beängstigende Schönheit, fordernd und verblüffend, aufmerksamkeitsheischend und verschlossen, exzessiv und depressiv, lasterhaft und keusch. Gerecht werden kann keiner dieser Stadt. Doch sicher ist, dass sie immer wieder verunsichert. Immer wieder tritt hier etwas zu Tage, womit keiner gerechnet hat. In Wien, der Metropole der Verdrängungen, lässt sich auf Dauer eben nichts verdrängen. Wer sie liebt und meint, Charakterschwächen leugnen zu können, hat keine Chance. Und stößt auf überschminkte Makel, die er gern übersehen hätte. Gerade dann, wenn er in einem eleganten Café, einem gemütlichen Beisl, einer mondänen Bar sitzt. Und auf einmal erkennt, wie falsch die Eleganz, wie abgründig die Gemütlichkeit, wie engstirnig das Mondäne ist.

Da genießt der Wienliebende seinen Braunen im *Café Imperial*, wo Gustav Mahler fiebrig die aktuellen Feuilletons durchhechelte; wo Karl Kraus sich einschloss in sich selbst, es sei denn, der Alleswisser Fritz Eckstein hatte seinen Stammplatz dort, den er zehn bis zwölf Stunden besetzt hielt, verlassen und sich zu ihm gesellt. Der Wienliebende ergibt sich Träumen von gestern, stellt sich vor, Brahms säße wieder hier, Speisereste im fußsackartigen Bart, mit ernstem Gesicht seine Torten vertilgend. Oder Hugo Wolf, der mit ein paar Einspännern seine Lebensangst beruhigen will. Oder Anton Bruckner, das bäurische Genie, das hier große Welt verkostet. Und während der Wienliebende erstaunt feststellt, dass der Kaffeehauspianist des *Imperial* auch bei heiklen Stücken ein hohe Trefferquote hat, registriert er die wattierte Akustik, betrachtet den flauschigen Teppichboden, und da ist es um ihn geschehen: Was ist denn hier noch geblieben vom alten *Imperial*, wo auf schimmernden nackten Böden grazile Stühle standen, Bilder von Moritz von Schwind an den intarsierten Wänden leuchteten, wo Marmor, Holz und polierter Stuck dem Raum auch dann Klarheit gaben, wenn er eingenebelt war vom Zigarettenrauch der Herren Mahler und Co? Leuchtend farbig steht auf einmal die Vergangenheit vor Augen, neben der die lichtecht gefärbte Gegenwart in High-Tech-Faser verblasst. Das sind aber nur die harmlosen, die lächerlichen Störungen der Gemütlichkeit.

Härter wird es, wenn der Liebende es sich gut gehen lässt im *Restaurant Ofenloch*, in einer der schönsten alten Gassen Wiens, der Kurrentgasse, als Gasthaus bereits verbrieft seit über 200 Jahren. Schubert und Schwind haben in den holzgetäfelten Stuben ihren Veltliner getrunken, eine wärmende Atmosphäre umhüllt noch heute jeden Gast. Er versinkt im Genuss eines vollendet gegarten Tafelspitzes, serviert in kupferner Kasserolle, versinkt im Anblick eines Lustermanderls, versinkt tiefer und tiefer in Nostalgie, fängt dann aber über dem geleerten Teller an, Fragen zu stellen. Und erfährt, dass sich an dieser Stelle früher eine jüdische Garküche befunden hat – der Judenplatz liegt ja nur ein paar Schritte entfernt.

Und plötzlich vergällt den Marillenknödel, was sich mit diesem stillen Geviert verbindet. »Selber schuld, wann se sich ian Platz damit versaun«, war die Meinung vieler Wiener, als dort im Jahr 2000 Rachel Whitereads Mahnmal für die Opfer der Shoa errichtet wurde: ein steinerner Quader, dessen Wände eine Bibliothek darstellen, ein unbetretbares, unübersehbares, unumgehbares Monument. Und das brauchte es auch, denn wer liest schon die Tafel am Haus *Zum großen Jordan*, Judenplatz 2, erst kurz vor der Mahnmalsenthüllung nach mühsamen Diskussionen angebracht, auf dem die Erzdiözese Wien ihre Mitschuld am Judenmord gesteht – an einem, der schon 420 Jahre früher stattgefunden hat? Wer liest schon, was auf dem spätgotischen Relief an der Fassade desselben Hauses steht, unter einer Darstellung der Taufe Christi? Wer kann schon heute noch Latein?

KAISERLICH UND MEISTERLICH:
1863 als Privatresidenz des Fürsten von Württemberg erbaut, wurde das Ringstraßen-Palais im Jahr der Weltausstellung 1873 zum Hotel Imperial — und das Café zum Wohnzimmer für Könige und Künstler wie Operndirektor Gustav Mahler.

Flumine Jordani terguntur labe malisque
Corpora: Cumcedit quod latet omne nefas;
Sic flamma assurgens totam furibunda per urbem 1421
Hebraeum purgat crimina saeva canum …

Wer macht sich schon die Mühe, festzustellen, dass diese Inschrift den Namen des ehemaligen jüdischen Hausbesitzers Georg Jordan auf zynische Weise umdeutet?

Durch die Fluten des Jordan, behauptet dieser Text, *wurden die Leiber von Schmutz und Übel gereinigt. Alles weicht, was verborgen ist und sündhaft. So erhob sich 1421 die Flamme des Hasses, wütete durch die Stadt, und sühnte die furchtbaren Verbrechen der Hebräerhunde …*

So die antisemitische Kurzfassung der Wiener Gesera, der großangelegten Judenvernichtung des Mittelalters, die aus diesem Platz einen Schreckensort macht, an dem noch immer das nachklingt, was im Wiener Dialekt spöttisch *Gseres* heißt: Wehgeschrei, übertriebenes Wehgeschrei. Oder auch *Gseras*: Lärm, unnötiger Lärm. Lassen sich die Schreie der Gesera, der ersten wie der folgenden, im nahen *Ofenloch* überhören?

Torberg, als Jude vor den Nazis aus Wien geflohen, schrieb ins Gästebuch: »Von allen Löchern — an denen in der Wiener Stadt kein Mangel herrscht — ist mir das *Ofenloch* das weitaus liebste.«

Einem wie Friedrich Torberg konnte in Wien nichts mehr passieren. Er wusste, was diese Geliebte alles zuließ, wie sie jeden ihrer Liebhaber verraten und verkaufen kann, wann immer es sie reizt. Er wusste, dass Wien eine brisante Geliebte ist, kein Hascherl, kein süßes Mädel, keine herzige Soubrette, keine mondäne, ungefährlich eitle Schönheit, und schon gar keine gemütliche Hausfrau. Wien ist das, was so viele Künstler hier, schreibend, malend, dichtend, beschworen haben: eine Femme fatale. Schön, aber abgründig, verlockend, aber verderbenbringend, unwiderstehlich, aber undurchschaubar.

Vielleicht übt Alma Mahler-Werfel deshalb bis heute eine so große Faszination auf die Menschen aus, weil sie, die geborene Wienerin, Wien verkörpert. Eine Frau, die Juden und das Jüdische verachtete, aber zwei Ehen mit Juden einging, mit Mahler und Werfel, und einen Freundeskreis hatte, zu dem auch Torberg gehörte. Eine Frau, die genussfreudig war und voller Zerstörungslust, unberechenbar in jeder Hinsicht. Und eine Frau, an der sich die Geister bis heute scheiden. Für die einen ist sie, was Canetti in ihr sah — monströs, verlogen, rassistisch und entschieden zu opulent. Für andere bleibt sie, was sie für Kokoschka war — ein Zauberwesen, dessen Magie sich keiner entzieht, kultiviert, raffiniert, hintergründig, verführerisch.

SYMBOL STATT SYNAGOGE: *Auf dem Judenplatz stand bis zu der verheerenden Gesera 1421 ein jüdisches Gotteshaus. Rachel Whitereads Denkmal an ebendieser Stelle erinnert an eine Bibliothek, die für immer verschlossen ist; die jüdische Literatur wurde verbrannt. Wer mehr über die Juden in Wien wissen will, erfährt es direkt nebenan im Misrachi-Haus.*

Alles, was über die berüchtigtste Femme fatale Wiens gesagt wird, lässt sich auf Wien selbst übertragen.

Und genau deswegen ist Vorsicht geboten.

Was immer sie auftischt, die schöne Stadt, an Geschichten und Anekdoten, an Delikatem und Pikantem, sollte mit Vorsicht genossen werden.

Man kann jederzeit auf etwas Gallebitteres beißen.

Café Imperial (im Hotel Imperial), Kärntner Ring 16, 1015 Wien
Tel. 01/50 11 10-389, Fax 01/5 01 10-410
hotel.imperial@luxurycollection.com
www.starwoodhotels.com
Öffnungszeiten: täglich 7–23 Uhr
Der Grund hinzugehen: Dass hier selbst ein kleiner Mittagsimbiss, der nicht satt macht, aber dafür einiges kostet, mit so viel Aufwand, Tafelkunst und Redekunst serviert wird, als gäbe es ein Fünf-Gänge-Menü. Und dass jeden Tag ab halb vier ein Kaffeehauspianist im schwarzen Anzug dazu schaumige Klaviermusik kredenzt.

Restaurant Ofenloch, Kurrentgasse 8, 1010 Wien
Tel. 01/5 33 88 44
www.ofenloch.at
E-Mail: restaurant@ofenloch.at
Öffnungszeiten: 10–24 Uhr, Sonntag Ruhetag, Feiertag geöffnet
Der Grund hinzugehen: Dass an einem heißen Sommertag der Schilchersekt im Schanigarten vor dem Haus und bei schlechtem Wetter der Tafelspitz aus der Kupferkasserolle im Haus unübertrefflich schmecken.

Viten

Altenberg, Peter (geboren 1859 in Wien, gestorben 1919 in Wien): Der nervöse Bohemien, der eigentlich Richard Engländer hieß, war ein großer Meister der kleinen literarischen Form. Er schrieb, wie der Titel eines seiner Bücher sagt, *Was der Tag mir zuträgt*.

Artmann, H(ans) *C*(arl) (geboren 1921 in Wien-Breitensee, gestorben 2000 in Wien): Übersetzer und Schriftsteller, der *med ana schwoazzn dintn*, so der Titel eines Lyrikbands, Gedichte, Reisebeschreibungen, Possen, Schwänke und Trivialmythen mit angemessen schwarzem Humor schrieb. Gehörte zur *Wiener Gruppe*.

Attersee, Christian Ludwig (geboren 1940 in Pressburg, lebt in Wien): Künstler, der durch die Meere segelt, und Segler (dreifacher österreichischer Staatsmeister), der durch alle Künste reist. Musiker, Maler, Schriftsteller mit dynamischem Pinselstrich. Seit 1992 Professor für angewandte Kunst an der Universität Wien.

Bahr, Hermann (geboren 1863 in Linz/Oberösterreich, gestorben 1934 in München): Gelehrter Sonderling mit dem Aussehen eines Rübezahls, Praktiker und Theoretiker in allen literarischen Gattungen und Stilrichtungen, vom Naturalismus über den Impressionismus zum Expressionismus. Wortführer von »Jung Wien«, verheiratet mit einer der größten Operndiven seiner Zeit, Anna Bahr-Mildenburg.

Beer-Hofmann, Richard (geboren 1866 in Wien, gestorben 1945 in New York): Ausgebildeter Jurist mit Oscar-Wilde-Styling, Erzähler, Dramatiker und Lyriker, den seine Zeitgenossen, nicht nur seine Freunde – von Schnitzler und Bahr bis Hofmannsthal –, schätzten und den die nächste Generation vergaß.

Beethoven, Ludwig van (geboren 1770 in Bonn/Deutschland, gestorben 1827 in Wien): Der Sohn eines prügelnden Tenors, dessen Genie von Mozart erkannt, von Haydn und Salieri ausgebildet und von vielen Mäzenen im Wiener Adel gefördert wurde. Trotz unwirschen Auftritts und schlechter Manieren wurde Beethoven bereits zu Lebzeiten gefeiert und international zum größten Symphoniker erklärt. Seine Beerdigungsfeier glich der eines Monarchen.

Bernhard, Thomas (geboren 1931 in Kloster Heerlen/Niederlande, gestorben 1989 in Gmunden/Oberösterreich): Als »negativer Staatsdichter« etikettierter, nimmermüder Provokateur mit messerscharfem Wortwitz, der mit seinem Drama *Heldenplatz* Österreichs Antisemitismus anprangerte und mit Randale das Land aufrüttelte.

Berzewiczy-Pallavicini, Federico (geboren 1909 in Lausanne/Schweiz, gestorben 1989 in New York): Maler, Grafiker, Bühnenbildner und Innenarchitekt, der als Ehemann von Klara Demel aus den Schaufenstern der Zuckerbäckerei Kunstwerke machte und aus seinem Leben eine Stilübung. Ging 1938 freiwillig nach Italien, weil er dem Nazi-Regime entkommen wollte.

Blei, Franz (geboren 1871, gestorben 1942 in Westbury): Selbst ein brillanter Essayist mit funkelndem Witz, der auch als Medardzud oder Doktor Peregrinus Steinhövel schrieb, förderte er junge Autoren wie Kafka, Musil, Werfel und Broch. Seine Essays servieren Kulturgeschichte als Delikatessen mit Biss, ob sie sich dem *Geist des Rokoko* widmen oder dem *Glanz und Elend berühmter Frauen*.

Brauer, Arik (Erich) (geboren 1929 in Wien, lebt in Wien): Maler, Grafiker, Bühnenbildner, Sänger und Dichter, der wegen seiner Lieder im Dialekt schon als Dreißigjähriger zu einem der Väter des Austropop erklärt wurde. Mitglied im Art-Club und einer der wichtigsten Vertreter des Phantastischen Realismus, für sein Lied vom Kipferl ebenso bewundert wie für seine an Breughel erinnernde Schichtenmalerei, altmeisterlich im Stil, brisant in der Aussage. Von 1985 bis 1997 Professor an der Wiener Akademie für Bildende Künste.

Bronner, Gerhard (geboren 1922 in Wien, lebt nach seiner Rückkehr aus Palästina nach dem Zweiten Weltkrieg wieder dort): Komponist und Kabarettist, der nie ein »Blattl vorm Mund« hatte und mit Qualtinger und der *Eden Bar* Wiener Typen unterschiedlichster Couleur zu Ruhm verhalf.

Camel, Georg Joseph (geboren 1661 in Brünn/Tschechische Republik, gestorben 1706 in Manila/Philippinen): Der jesuitische Apotheker, Botaniker und Arzt forschte in Manila auf der Insel Luton, wo er die erste Apotheke eröffnete. Die Kamelie, botanisch Camellia, verdankt ihm ihren Namen.

Canetti, Elias (geboren 1905 in Rustschuk/Bulgarien, gestorben 1994 in Zürich): Als Sohn eines jüdischen Kaufmanns sephardischer Herkunft 1913 nach Wien geraten. Fand trotz seiner Leidenschaft fürs Kaffeehaus Zeit genug, um einen Doktortitel in Chemie zu erwerben und so überragende Erzählungen, Dramen, Essays und Aphorismen zu verfassen, dass ihm 1981 der Nobelpreis für Literatur verliehen wurde.

Canetti, Veza (geboren 1897 in Wien, gestorben 1963 in London): Die Redakteurin der »Arbeiterzeitung«, geboren als Veza Taubner-Calderon, heiratete 1934 Elias Canetti, emigrierte mit ihm 1938 und setzte ihrer engeren Heimat, der Wiener Leopoldstadt, mit dem Buch über *Die Gelbe Straße* ein literarisches Denkmal, das noch immer übersehen wird.

Csokor, Franz Theodor (geboren 1885 in Wien, gestorben 1969 in Wien): Dramatiker und Dramaturg, Lyriker und Romanautor, überzeugter Humanist, Pazifist und Menschenrechtskämpfer, der 1937 trotzdem den Grillparzer-Preis bekam, dann aber 1938 emigrierte und nach 1946, zurück in Wien, mit Ehrenämtern zugedeckt wurde.

Demel, Anna (geboren 1872 in Wien, gestorben 1956 in Wien): Durch Heirat zur Besitzerin der *K. u. K. Hofzuckerbäckerei Demel* geworden, die dort seit 1917 die Geschäfte führte und damit die Gesellschaft Wiens mitdirigierte. Sie bekam als erste Frau Österreichs den Titel Kommerzialrat verliehen.

Doderer, Heimito von (geboren 1896 in Hadersdorf-Weidlingau bei Wien, gestorben 1966 in Wien): Ob unter seinem Namen oder als René Stangeler – was Doderer schrieb, ist meisterhaft gebaut, eine Architektur der Begegnungen wie seine weltberühmte *Strudelhofstiege*. 1933 trat er in die NSDAP ein, was

aber kein Hindernis war, ihm 1954 den Großen Österreichischen Staatspreis zu verleihen. Schließlich gibt es keinen, der den Wiener Alltag mit größerer Virtuosität geschildert hat.

Farkas, Karl (geboren 1893 in Wien, gestorben 1971 in Wien): Dass Farkas zusammen mit dem im KZ ermordeten Fritz Grünbaum einer der geistreichsten Kabarettisten im Wien der 1920er Jahre war, ist heute leider ebenso vergessen wie seine Rundfunksendungen in den 1950er und 1960er Jahren, die damals Kultstatus genossen. Von 1938 bis 1946 überlebte Farkas in den USA.

Freud, Sigmund (geboren 1856 in Freiberg/Tschechische Republik, gestorben 1939 in London): Dass der Arzt, Neurologe und Neuropathologe zum Begründer der Psychoanalyse wurde, ist auch denen bekannt, die den Fehler machen, seine *Traumdeutung*, erschienen 1900, nicht zu lesen, eines der Meisterwerke wissenschaftlicher Prosa. Der Einfluss Freudianischer Gedanken auf Literatur und Bildende Kunst, auf Ikonografie und Ethnologie, Psychologie und Religionswissenschaften ist bis heute so groß, dass Attacken gegen dieses Genie populär sind. 1938 entkam Freud in letzter Minute der Gestapo und ging nach London.

Fried, Erich (geboren 1921 in Wien, gestorben 1988 in Baden-Baden): Der Sohn eines Spediteurs hatte seine Karriere als Lyriker, Essayist, Erzähler und Übersetzer erst begonnen, nachdem er 1938 vor den Nazis nach London fliehen musste. Während seine kompromisslose politische Lyrik wie *Höre Israel!* nur Kennern ein Begriff ist, erreichten seine *Liebesgedichte* Kultstatus. Seine Shakespeare-Übersetzungen sind ebenso ungewöhnlich wie seine Lebenserinnerungen, erschienen unter dem Titel *Mitunter sogar Lachen*.

Friedell, Egon (geboren 1878 in Wien, gestorben durch Freitod 1938 in Wien): Der »geniale Dilettant«, wie ihn Max Reinhardt nannte, ist heute den meisten nur durch seine Standardwerke *Kulturgeschichte der Neuzeit* und *Kulturgeschichte des Altertums* bekannt. Der Laienschauspieler, Kritiker und Feuilletonist, ein beliebter Eigenbrötler und bejubelter Goethe-Darsteller, trat am 16. März 1938 vom Balkon seiner Wohnung im dritten Stock auf die Straße, was den Nazis die Genugtuung nahm, ihn ins KZ zu verschicken.

Friedländer, Otto (geboren 1889 in Wien, gestorben 1963 in Waidhofen an der Thaya/Niederösterreich): Der Hofrat und Kunsthistoriker, Pazifist und Feuilletonist ist heute einem breiten Publikum bekannt durch sein immer wieder neu aufgelegtes Buch *Letzter Glanz der Märchenstadt. Wien um 1900*. Er hatte es bereits 1938 bis 1942 verfasst, aber erst nach 1948 veröffentlicht. Subjektiv und suggestiv schildert er darin, was die Wiener vor 1914 liebten, hassten, zerstörten und kultivierten.

Fuchs, Ernst (geboren 1930 in Wien, lebt in Wien): Der Maler, Grafiker und Bildhauer, seit 1948 Mitglied des Art-Clubs, Gründer der Vereinigung »Hundsgruppe«, hat auch im Ausland die von ihm mitbegründete »Wiener Schule des Phantastischen Realismus« berühmt gemacht. Seine altmeisterliche Maltechnik und seine leuchtendfarbigen Mythologien begeistern auch Zeitgenossen, die mit zeitgenössischer Kunst sonst weniger sympathisieren. Seine malerische, orientalisch inspirierte Aufmachung macht Fuchs zu einer Figur, an der auch Paparazzi ihre Freude haben.

Gugitz, Gustav (geboren 1874 in Wien, gestorben 1964 in Rekawinkel/Niederösterreich): Der Kulturhistoriker, Volkskundler und Schriftsteller genoss, ob er unter seinem Namen oder als G. Litschauer schrieb, breite Anerkennung als Privatgelehrter und genießt sie nach wie vor, obwohl gerade seinem Werk über das Wiener Kaffeehaus anzumerken ist, dass er von 1938 bis 1945 als Angestellter der Wiener Stadtbibliothek bei den Nazis sehr beliebt war.

Gütersloh, Albert Paris (geboren 1887 in Wien, gestorben 1973 in Baden bei Wien): Der Maler, der eigentlich Albert Conrad Kiehtreiber hieß, hatte bei Maurice Denis in Paris gelernt, war befreundet mit Hofmannsthal, Bahr, Musil und Doderer, arbeitete zuerst als Schauspieler und Regisseur, wurde 1930 Professor der Kunstgeschichte in Wien und dort 1938 als entartet verboten und geschasst. Als Lehrer von Brauer, Fuchs, Hutter und Lehmden gilt er als geistiger Vater der »Wiener Schule des Phantastischen Realismus«.

Haerdtl, Oswald (geboren 1899 in Wien, gestorben 1959 in Wien): Ausgebildet an der Wiener Kunstgewerbeschule, war der junge Architekt Assistent bei Josef Hoffmann, wurde zum Garanten der Wiener Moderne und trotz dieser Verlässlichkeit auch Ziel heftiger Angriffe. Heute gelten seine Entwürfe, insbesondere die beiden Österreichischen Pavillons auf den Weltausstellungen in Brüssel 1935 und Paris 1937, als Klassiker.

Hausner, Rudolf (geboren 1914 in Wien, gestorben 1995 in Mödling bei Wien): Der Maler und Grafiker erhielt 1938 von den Nazis Ausstellungsverbot, musste 1941 bis 1943 Kriegsdienst leisten und wurde 1946 mit Fuchs, Jené, Hutter und Janschka Begründer einer surrealistischen Gruppe im Art-Club, aus der die »Wiener Schule des Phantastischen Realismus« hervorging. Adam, Anima und der Narrenhut sind zentrale Motive seiner Arbeit, die ihre Kenntnis der Freudianischen und Jungianischen Lehren nicht verleugnet. Nachdem man in Hamburg seine Bedeutung erkannt und ihn zum Professor ernannt hatte, betraute Wien ihn dann zwei Jahre später mit einer Professur an der Akademie der Bildenden Künste.

Hoffmann, Josef (geboren 1870 in Pirnitz/ Tschechische Republik, gestorben 1956 in Wien): Der Architekt wurde vor allem als Möbeldesigner berühmt, seine »Sitzmaschine« zum Kultobjekt. Zuerst war er 1897 Mitbegründer der Wiener Secession, 1903 dann mit Kolo Moser und Fritz Waerndorfer Begründer der Wiener Werkstätten. Wegen des Quadrats als wiederkehrendem Motiv seiner Entwürfe als Quadratl-Hoffmann bespöttelt, gehört er dennoch zu den wenigen Großen in Wien, die bereits zu Lebzeiten auch merkantil großen Erfolg verbuchen konnten. Leider sind die meisten seiner Innenraumgestaltungen, so das Kabarett »Fledermaus«, zerstört.

Hofmannsthal, Hugo von (geboren 1874 in Wien, gestorben 1929 in Rodaun bei Wien): Edler von Hofmannsthal hieß er korrekt, schrieb als jugendliches Genie unter dem Pseudonym Loris bereits gefeierte Gedichte und lyrische Dramen und formulierte mit dem Prosatext *Ein Brief*, auch bekannt als *Brief des Lord Chandos*, ein Bekenntnis radikaler Sprachskepsis. Als Librettist wurde er kongenialer Partner des Komponisten Richard Strauss (*Elektra, Der Rosenkavalier, Ariadne auf Naxos, Die Frau ohne Schatten, Arabella, Die ägyptische Helena* und *Die Liebe der Danae*) und ist durch diese Arbeiten heute wohl mehr präsent als durch sein übriges Werk.

Hrdlicka, Alfred (geboren 1928 in Wien, lebt in Wien): Der Bildhauer und Grafiker ist für Wien als öffentliches Ärgernis unverzichtbar. Seine nicht immer feinsinnigen Kommentare zu Werken von Kollegen helfen bei der Erhaltung dieses Ruhms ebenso wie sein Denkmal gegen Krieg und Faschismus, das an der Stelle des 1945 abgerissenen Philipphofs auf dem Albertinaplatz in Wien errichtet wurde. Trotzdem oder deswegen hat er seit 1989 eine Professur in Wien inne.

Hutter, Wolfgang (geboren 1928 in Wien, lebt in Wien): Albert Paris Gütersloh ist in doppelter Hinsicht sein Vater – leiblich und als Anreger jener Schule, zu der Hutter gehört, der »Wiener Schule des Phantastischen Realismus«. Sein maltechnisches Vermögen verschaffte ihm bereits mit 28 eine Dozentur und mit 36 eine Professur an der Hochschule für angewandte Kunst in Wien.

Joseph I. (geboren 1741 in Wien, gestorben 1790 in Wien): Der älteste Sohn von Kaiserin Maria Theresia wurde mit 25 Kaiser und Mitregent seiner Mutter. Erst ab 1780 Alleinherrscher, entwickelte er sich zum sparsamen, avantgardistischen Monarchen, der ein Toleranzpatent für Juden, Protestanten und Griechisch-Orthodoxe verabschiedete, die Besteuerung auf Adel und Klerus ausdehnte, für Taubstummenunterricht, Armeninstitute und Findelkind-Häuser sorgte, Allgemeine Krankenhäuser einrichtete und den kostspieligen Pomp Funèbre untersagte. Nach dem Josephinischen Strafgesetz war Todesstrafe nur noch im Standrecht vorgesehen und die Inquisition verboten.

Kafka, Franz (geboren 1883 in Prag, gestorben 1924 in Kierling bei Klosterneuburg/Niederösterreich): Dass ein Mann als Versicherungsangestellter arbeitet und nebenher ein Werk wie *Die Verwandlung* schreiben kann, ist kaum fasslich. Eine Tuberkulose-Erkrankung erst verschaffte 1917 dem Juristen Kafka den Freiraum fürs Schreiben, moderne Klassiker wie *Der Prozess* oder *Das Schloss* entstanden. Und seine Briefe an Milena, die jene mutige und ungewöhnliche Frau posthum erst zu einer Berühmtheit machten.

Kálmán, Emmerich (geboren 1882 in Siófok/Ungarn, gestorben 1953 in Paris): Der Operettenkomponist machte sich beim Publikum mit der *Csardasfürstin* und der *Gräfin Mariza* beliebt, beim Personal von Kaffeehäusern, Bars, Beisln und Restaurants durch Eleganz und vollendete Manieren.

Kanne, Friedrich August (geboren 1778 in Delitzsch/Sachsen, gestorben 1833 in Wien): Als Komponist geriet der Sachse, nebenbei noch Musikschriftsteller und Dramatiker, in den Schatten Beethovens, der so dunkel war, dass heute kaum einer mehr die Titel seiner Opern kennt. Komponieren konnte Kanne eigentlich nur im Freien, im Arbeitszimmer hängte er Reisigbuschen an die Wände und ließ Meisen frei fliegen, um sich etwas natürlicher zu fühlen.

Kaus, Gina (geboren 1894 in Wien, gestorben 1985 in Los Angeles): Die Schriftstellerin und Drehbuchautorin, die eigentlich Zirner-Kranz hieß, war auch unter dem Pseudonym Andreas Eckbrecht als Autorin von Unterhaltungsromanen erfolgreich, die offenbar auch Amerikaner unterhalten konnten, denn nach ihrer Emigration 1939 war sie in den USA als Drehbuchautorin und Schriftstellerin weiterhin erfolgreich.

Kisch, Egon Erwin (geboren 1885 in Prag, gestorben 1948 in Prag): Dass er auch in seiner Heimat ein Star geworden war mit detailversessen recherchierten Reise- und Sozialreportagen, die er unter dem selbstverliehenen Titel »Der Rasende Reporter« 1924 veröffentlichte, rettete ihm wohl das Leben: 1933 von den Nazis verhaftet, wurde er auf Intervention der tschechischen Regierung freigelassen. Eine seiner Glanzleistungen: die Aufdeckung der Spionageaffäre um Oberst Redl. 1937 und 1938 kämpfte er im Spanischen Bürgerkrieg, danach überlebte er das Dritte Reich nicht in den USA, die den Linken nicht wollten, sondern in Mexiko, und kehrte 1946 in seine Heimat zurück.

Klimt, Gustav (geboren 1882 in Wien, gestorben 1918 in Wien): Aus der Welt des Hans Makart, der ihn anfangs beeinflusste, befreite sich der Sohn eines Graveurs zügig. 1897 war der junge Maler und Grafiker Mitbegründer der Wiener Secession, 1905 war er Opfer wütender Proteste: Seine Entwürfe für die Darstellung von »Philosophie« und »Medizin«, gedacht für die Aula der Wiener Universität, hatten einen Skandal losgetreten, was heute niemand mehr verstehen kann. Doch der einstmals Geschmähte wurde als Porträtist zum Liebling von Wiens guter Gesellschaft, was wiederum heute noch jeder verstehen kann.

Kokoschka, Oskar (geboren 1886 in Pöchlarn/Niederösterreich, gestorben 1980 in Montreux/Schweiz): Als Maler, Grafiker und Dichter brachte er seine eigenen, oft schlimmen Erfahrungen schon als junger Künstler in seine Werke ein. Auch die schmerzliche Affäre mit der antisemitischen und herrschsüchtigen *Femme fatale* Alma Mahler. 1934 setzte sich Kokoschka nach Prag ab, 1938 nach London. Nicht in Wien, sondern in Salzburg gründete er in den 1960er Jahren die »Schule des Sehens«, in die Künstler aus aller Welt strebten.

Kraus, Karl (geboren 1874 in Gitschin/Tschechische Republik, gestorben 1936 in Wien): Dass er Essayist, Lyriker und Dramatiker war, ist heute weniger geläufig. Als Kritiker mit scharfer Zunge ging er in die Geschichte ein. Zuerst kritisierte er die Gruppe Jung-Wien, später fast alles, was in Wien ins Licht seiner *Fackel* geriet – so nannte er die 1899 gegründete Zeitschrift, die er, fast unerklärlich, ab 1911 ausschließlich mit eigenen, scharf geschliffenen Texten zu bestücken schaffte. Als Kritiker eine Instanz, war er in Wien auch eine Institution, denn seine Lesungen galten als die spannendsten Vorstellungen in Wien. Und er selbst gilt, trotz aller Häme und Frauenfeindlichkeit, als einer der großen Aufrechten in dieser Stadt, in seiner Zeit.

Kuh, Anton (geboren 1890 in Wien, gestorben 1941 in New York): Der Artist kurzer Prosa, der Porträtist des Alltags, wurde belächelt von den einen, bewundert von den anderen, aber von allen beachtet. 1938 floh er ins amerikanische Exil, aus dem er nicht mehr zurückkehrte, seine Miniaturen gerieten in Vergessenheit. Erst in den 1960er Jahren wurde er wieder entdeckt und vielen ein Begriff durch Geza von Cziffras Anekdotenbuch: *Der Kuh im Kaffeehaus*, in dem jener Kuh gefeiert wird, der sich nicht melken ließ, sondern andere molk.

Lehár, Franz (geboren 1870 in Komorn/Slowakische Republik, gestorben 1948 in Bad Ischl): Der Operettenkomponist konnte die Wiener für seine *Zigeunerliebe* begeistern, nicht aber die Nazis für seine Ehe mit einer Jüdin. Dennoch blieb er bei ihr, stand das Dritte Reich durch und erlebte, wie seine Melodien zu Schlagern wurden, ob er wollte oder nicht.

Loos, Adolf (geboren 1870 in Brünn/Tschechische Republik, gestorben 1933 in Wien): Amerikabegeisterter Purist, stellte sich der Architekt gegen den Jugendstil und die Wiener Werkstätte, was ihm zu Lebzeiten viele Feinde, erst lange nach seinem Tod Ehre eintrug. Sein sogenannter Raumplan, nach dem er die Räume auf dem Grundriss so verteilte, dass Größe, Lage und Volumen ihrer Funktion entsprachen, markierte den Aufbruch in modernes, funktionales Denken. Dass seit 1992 ein Architekturpreis in seinem Namen vergeben wird, spricht für die späte Erkenntnis von Loos' überragender Bedeutung.

Loos, Lina (geboren 1882 in Wien, gestorben 1950 in Wien): 1902 wird die Schauspielerin, Tochter der Kaffeehausbesitzer Karoline und Karl Obertimpfler, die erste Frau von Adolf Loos, 1903 beginnt sie eine Affäre mit dem 19-jährigen Heinz Lang, der sich im August 1904 erschießt, nachdem er in England vergeblich auf sie gewartet hatte. 1905 nimmt Lina Loos ein Theaterengagement in den USA an und wird von Loos offiziell geschieden. Als Lina Vetter setzt sie, zurück in Europa, ihre Bühnenkarriere fort. Und tritt bei der Eröffnung des legendären Kabaretts »Fledermaus« auf. Ihre kleinen schriftstellerischen Arbeiten, nicht bedeutungsschwanger, aber humorvoll, lebensweise und lebenslustig, sind heute kaum mehr bekannt.

Lueger, Karl (geboren 1844 in Wien, gestorben 1910 in Wien): Der ehrgeizige Rechtsanwalt, Sohn eines Saaldieners, wurde 1897 gegen den Widerstand des Kaisers Bürgermeister von Wien und blieb es bis zu seinem Tod. Ein großer Redner und Populist, hofierte er den Mittelstand, bekämpfte die Sozialdemokraten sowie die Juden und machte sich durch nützliche Einrichtungen beliebt.

Mahler-Werfel, Alma (geboren 1879 in Wien, gestorben 1964 in New York): Die Tochter des Malers Schindler, Stieftochter des Malers Carl Moll, wurde Kompositionsschülerin bei Zemlinsky, heiratete 1902 den Hofoperndirektor Gustav Mahler und entwickelte sich zu einer hochgefährlichen Mischung aus antisemitischer *Femme fatale* und machtlüsterner Muse, die ihre Frustration, nicht als Komponistin Karriere gemacht zu haben, an den Töchtern ausließ. Die Liste ihrer Liebhaber diente ihr als Nachweis ihrer Anziehungskraft, die sie sich, einigen Zeugen zufolge, trotz schwindender Reize und wachsender Körperfülle angeblich bis ins Alter erhielt, auch wenn Elias Canetti sie immer nur als monströse Karikatur einer Frau empfand, als alkoholsüchtige Selbstdarstellerin von großer Gefühlskälte. Den kranken Ehemann Mahler betrog sie mit dessen Nachfolger, dem Architekten Gropius, Gropius mit Kokoschka, Kokoschka, der einer Ehe zum eigenen Leidwesen entging, mit Werfel, ihrem dritten und letzten Ehemann.

Mahler, Gustav (geboren 1860 in Kalischt/Tschechische Republik, gestorben 1911 in Wien): Der klein gewachsene, sportversessene Dirigent und Komponist war Schüler von Anton Bruckner und erntete dafür, dass er als Direktor der Wiener Staatsoper von 1898 bis 1907 eine grandiose Ära bescherte, weniger Bewunderung als antisemitische Häme. Verständlicherweise nahm er, längst Symphoniker von Weltruf, 1908 ein Angebot der Metropolitan Opera in New York an, wurde 1909 musikalischer Leiter der New York Philharmonic Society und kehrte, krank zum Tode, in die Stadt zurück, die ihm so viel verdankte und das so wenig zu danken wusste.

Moser, Kolo (Koloman) (geboren 1868 in Wien, gestorben 1918 in Wien): Der Maler, Grafiker und Kunstgewerbler gehörte zu den Gründern der Secession und der Wiener Werkstätte, die er mit Josef Hoffmann leitete. 1905 trat er mit der Gruppe um Klimt aus der Secession aus und wurde Mitbegründer des Österreichischen Werkbunds. Trotz so vieler Vereinsgründungen war er einer der produktivsten Künstler seiner Zeit.

Mozart, Wolfgang Amadeus (geboren 1756 in Salzburg, gestorben 1791 in Wien): Sein hinlänglich bekannter Beruf machte den kleinen, knollennasigen Mann, der eigentlich gar nicht Amadeus, sondern Gottliebus getauft war, zum weltweit berühmtesten Künstler. Wien, befand er, sei der richtige Ort für sein Talent, und freudig floh er aus den Diensten des Salzburger Erzbischofs. Leider hatte Wien nur zehn Jahre Zeit, sich für Mozarts Entscheidung dankbar zu erweisen, und nutzte diese nicht mal recht.

Musil, Robert (geboren 1880 in Klagenfurt, gestorben 1942 in Genf): Dass der Romancier, Dramatiker und Essayist Maschinenbau studiert hatte und einen nach ihm benannten Farbvariationskreis für optische Experimente entwickelt hatte, ist weniger bekannt als seine große erste Erzählung über *Die Verwirrungen des Zöglings Törleß* oder sein unvollendetes Meisterwerk, *Der Mann ohne Eigenschaften*. 1938 emigrierte der Vielseitige, der mit einer Arbeit über die Lehren Machs promoviert worden war, in die Schweiz, wo er verarmt und unbekannt starb.

Nüll, Eduard van der (geboren 1812 in Wien, gestorben 1868 in Wien durch Selbstmord): Architekt, der die Wiederbelebung von Renaissance-Formen in der Architektur förderte, was sich eigentlich nicht provokant anhörte. Trotzdem wurde er von der Kritik verrissen, als die Staatsoper in Wien vollendet war, die er mit Sicard von Sicardsburg erbaut hatte. Van der Nüll machte den Kritiken und seinem Leben ein Ende.

Olbrich, Joseph Maria (geboren 1867 in Troppau/Tschechische Republik, gestorben 1908 in Düsseldorf): Der Architekt des Secessionsgebäudes in Wien, das wegweisend für moderne Formvorstellungen wurde, bekam seine große Chance nicht in Wien, sondern in Darmstadt, wo er die »Künstlerkolonie« entwarf.

Perutz, Leo (Leopold) (geboren 1882 in Prag, gestorben 1957 in Bad Ischl): Der Romancier, Erzähler und Dramatiker arbeitet als Mathematiker bei einer Versicherungsgesellschaft, lebte exzessiv und war laut Georg Stefan Troller »eine der gefürchtesten Kaffeehausbestien Wiens«. 1938 floh die Kaffeehausbestie vor den Nazis nach Palästina, lebte aber nach dem Zweiten Weltkrieg zeitweise wieder in der gehassten und doch geliebten alten Wahlheimat.

Pichler, Karoline (geboren 1769 in Wien, gestorben 1843 in Wien): Die Tochter des kulturliebenden Hofrats Greiner führte einen literarischen Salon und fand neben der Bewirtung prominenter Gäste noch Zeit, dicke historische Romane zu verfassen wie den dreibändigen *Agathocles* und zeichnete zur Freude ihrer Nachwelt die Erinnerungen an ihre prominenten Gäste in dem vierbändigen Opus *Denkwürdigkeiten aus meinem Leben* ordentlich auf.

Polak, Ernst (geboren 1886 in Gitschin/Böhmen, gestorben 1947 in Oxford): Bankbeamter, später Prokurist bei der Länderbank in Wien und ein großer Literaturkenner, dem sein brotloser Nebenberuf wichtiger war als der einträgliche Hauptberuf. Der Erfolg des kleinen, eher schmächtigen Manns bei den Frauen war ein zentrales Thema in den Kaffeehäusern Wiens.

Podgorski, Thaddäus (geboren 1935 in Wien, lebt dort): Begann seine Laufbahn als Sprecher beim Sender Rot-Weiß-Rot, eine Stelle, die er nach eigenen Angaben bekam, weil er ohne Sprechausbildung einen Sprecher karikierte. Ab 1958 arbeitete er tagsüber ausschließlich beim ORF an seiner Karriere und nachts fast ausschließlich im *Club Gutruf*. 1972 wurde er Chefredakteur, 1986 bis 1990 war er Generalintendant beim ORF, seither arbeitet er als Regisseur und Schauspieler am Josephstädter Theater.

Polgar, Alfred (geboren 1883 in Wien, gestorben 1955 in Zürich): Kritiker, Schriftsteller und Übersetzer, der seine meist chilischarfen Kritiken mit Humor würzte und so verträglich machte. Seine Formulierungskunst war gefürchtet. Nach dem Ersten Weltkrieg verlegte Polgar den Lebensschwerpunkt ins europäische Chicago Berlin, nach der Machtergreifung der Nazis floh er zuerst nach Prag und dann in die USA. Obwohl er dort im Filmgeschäft erfolgreich war, kehrte er, ein gebrochener Mann, aus dem Exil zurück. Allerdings nicht nach Wien.

Qualtinger, Helmut (geboren 1928 in Wien, gestorben 1986 in Wien): Der Schauspieler und Satiriker, der mit Georg Kreisler und Gerhard Bronner zusammen gallige Wienkritik lieferte, wurde mit dem *Herrn Karl* zu Österreichs größtem Skandal-Produzenten. Seine Lesungen aus *Die letzten Tage der Menschheit* von Karl Kraus machten dieses vergessene Opus zum Kultstück, die aus Hitlers *Mein Kampf* sorgten für ein Nachbeben der nationalsozialistischen Schrecken.

Salten, Felix (geboren 1869 in Budapest, gestorben 1945 in Zürich): Berühmt machte ihn ein Werk, zu dem er nicht als Autor stand – *Josephine Mutzenbacher*. Und eines, an dem er fast nichts verdiente – *Bambi*. Der Mann, der eigentlich Siegmund Salzmann hieß, war 1927 bis 1933 Präsident des österreichischen PEN-Clubs und wanderte 1939 in die Schweiz aus.

Schönberg, Arnold (geboren 1874 in Wien, gestorben 1951 in Los Angeles): Geprägt von seinem ersten Lehrer und späteren Schwager, Alexander von Zemlinsky, komponierte er zuerst spätromantisch, befreite sich davon aber so gründlich, dass er, wegen zu lauter Proteste, Konzerte nur noch im privaten Rahmen durchführen konnte. 1919 gründete er deshalb den Verein für musikalische Privataufführungen, der zum Mittelpunkt der 2. Wiener Schule mit Berg und Webern wurde. Als Erfinder der Zwölfton-Musik mit zwölf gleichberechtigten Tönen wurde er zuerst verfemt, gelangte aber später zu Ruhm und wurde im amerikanischen Exil, in das er sich 1934 gerettet hatte, zu einem Freund Gershwins und zu einem Liebling der Presse.

Schrammel, Josef (geboren 1852 in Wien, gestorben 1895 in Wien): Auch wenn außerhalb Wiens die Meinung kursiert, Schrammel-Musik habe ihren Namen von dem etwas bäuerlichen Umgang der Musiker mit ihren Saiten, sind in Wien die Brüder Schrammel Idole geblieben. Josef, ein berühmter Geigenvirtuose und nebenbei Komponist, gründete mit seinem Bruder Johann und einem befreundeten Kontragitarristen, später ersetzt durch einen Klarinettisten, 1878 das Schrammel-Trio, das sich später zum Quartett mit einem Akkordeonspieler auswuchs, wodurch die Musiker dem Geräuschpegel auch an weniger distinguierten Auftrittsorten – Heurigen und anderen Lokalitäten dieser Art – besser gewachsen waren.

Schrammel, Johann (geboren 1850 in Wien, gestorben 1893 in Wien) : Bruder von Josef und wie dieser Geiger und Komponist, dennoch nie in Konkurrenzkampf mit ihm, sondern friedlich vereint schrammelnd in Salon- und Theaterorchestern, in Heurigenlokalen und Festsälen.

Schubert, Franz (Peter) (geboren 1797 in Wien, gestorben 1828 in Wien): Dass Schubert wesentlich jünger als Mozart starb, ist heute nur wenigen geläufig. Unter dem Druck des Vaters absolvierte er eine Lehrerausbildung, was weder den Schülern noch ihm gut tat. Allein sein Liedschaffen machte den mit 31 aus dem Leben gerissenen Träumer, der in Trivialromanen verkitscht und zum *Schwammerl* verherzigt wurde, zu einem der wichtigsten Komponisten des Abendlandes. Weil man den ungepflegten, ruppigen Beethoven so schön maskulin stilisieren konnte, wurde aus Schubert ein schüchterner Homosexueller gemacht, der seine Neigungen nicht auszuleben wagte.

Sicard von Sicardsburg, August (geboren 1813 in Wien, gestorben 1868 in Wien): Eigentlich hätte der Architekt und Professor an der Akademie in Wien ein gemütliches Leben führen können, doch der ehrenvolle Auftrag, mit van der Nüll die Wiener Staatsoper zu erbauen, machte es so ungemütlich, dass er den Stressfolgen erlag.

Strauß, Eduard (geboren 1835 in Wien, gestorben 1916 in Wien): Der jüngste war wohl der am wenigsten geniale der Sträuße, was immer noch Begabung genug bedeutet. Er lebte den Hass auf seinen großen Bruder aus, indem er dessen gesamtes Notenarchiv verbrannte. Dabei hatte Eduard, eine elegante, fast dandyhafte Erscheinung, seit 1872 als Hofballmusikdirektor durchaus die Anerkennung geerntet, die er so sehr liebte wie Orden auf der Brust.

Strauß, Johann Baptist (Vater) (geboren 1804 in Wien, gestorben 1849 in Wien): Zusammen mit Lanner gilt der Komponist, ausgebildet zum Geiger und Bratscher, als Erfinder des Wiener Walzers, obwohl es den längst gab. Johann Strauß wurde zum Magier der tanzverrückten Wiener und pflegte sein Image als Verzauberer. Doch heute ist kein Walzer, sondern ein Marsch im Namen Radetzkys sein bekanntestes Werk. Dass er seinen drei Söhnen, die er im Stich gelassen hatte, verbieten wollte, Musiker zu werden, zeitigte unliebsame Folgen.

Strauß, Johann (Sohn) (geboren 1825 in Wien, gestorben 1899 in Wien): Ein Komponist, der in Vaters Fußstapfen trat, obwohl der das verboten hatte. Logische Folge: ein erbitterter Konkurrenzkampf mit seinem Vater, der zwar menschlich tragisch, jedoch durchaus werbewirksam war. Nach dem Tod seines Vaters stieg Johann junior zum unumstrittenen Walzerkönig auf und sorgte auf Tourneen durch Europa und Amerika für den Ausbruch wahrer Strauß-Hysterien. Dass er zu den drei berühmtesten Menschen auf dem Planeten gehörte, interessierte den Komponisten weniger als ein gelungener Apfelstrudel von seiner Gattin Adele.

Strauß, Josef (geboren 1827 in Wien, gestorben 1870 in Wien): Als stillster der drei Brüder, im Hauptberuf Erfinder, leitete er mit Johann ab 1862 das Strauß-Orchester, litt unter ihm und entwickelte einen eigenständigen, lyrischen Kompositionsstil. Sein früher Tod bescherte Johann einen reichen Nachlass an unveröffentlichten Werken und brachte ihm den Verdacht ein, es habe damit zu tun, dass kurz darauf die *Fledermaus* in Rekordgeschwindig-

keit entstand. Im Gegensatz zu dem Stubenhocker Johann war Josef ein in der Leopoldstadt berüchtigter Kaffeehaushocker.

Szittya, Emil (geboren 1886 in Budapest, gestorben 1964 in Paris): Geboren als Adolf Schenk, wurde er unter seinem Künstlernamen ein berühmter Vagabund in Europas Künstlerkreisen, der Picasso und Chagall, Rousseau und Apollinaire kannte. Der Abstand zu Wien erklärt seine oft bitterscharfen Bemerkungen zur sonst geheiligten Kulturszene der großen Ära.

Torberg, Friedrich (geboren 1908 in Wien, gestorben 1979 in Wien): Berühmt ist der Erzähler, Essayist, Kritiker und Übersetzer heute nicht mehr wegen seines einst sensationellen Romans *Der Schüler Gerber*, sondern für seine beiden Erzählbände über die Tante Jolesch – Pflichtlektüre für jeden Wienliebhaber. Der Meister anekdotischen Tiefsinns, der eigentlich Kantor-Berg hieß und Ephraim Kishon durch seine Übersetzungen in Deutschland zu Ruhm verhalf, war 1951 aus dem amerikanischen Exil zurückgekehrt, obwohl er dort als Drehbuchautor erfolgreich war. Seine Gründe dafür sind so irrational wie Wien selbst.

Wagner, Otto (geboren 1841 in Wien, gestorben 1918 in Wien): Der Architekt und Kunsttheoretiker schaffte das Kunststück, zuerst im Historismus, dann in der Moderne zu reüssieren. Nachdem er mit dem mächtigen Ringstraßen-Palais zu Geld und Ruhm gelangt war, wurde er ganz sachlich. Bestes Beispiel dafür: das Postsparkassenamt von 1904 bis 1906, für das er sogar die Heizlüfter entwarf. Dass er sich aber auch mit seiner Auffassung durchsetzen könnte, öffentliche Gebäude müssten nicht nur ihre Funktion erfüllen, sondern auch die Aufgabe, das Auge zu erfreuen, belegen die erhaltenen Bauwerke der Stadtbahn.

Waldmüller, Ferdinand Georg (geboren 1793 in Wien, gestorben 1865 in Hinterbühl/Niederösterreich): Der Maler ansprechender Porträts und Genreszenen war als Charakter wohl weniger ansprechend, denn die explosive Mischung aus Minderwertigkeitsgefühlen und Geltungsdrang ließ ihn zu einem unausstehlichen, oft gewalttätigen Zeitgenossen werden. Weil seine nur vermeintlich herzigen Genre-Bilder auch sozialkritisch waren, gelang es ihm, sein charakterlich bedingtes Scheitern als Professor zu einer Märtyrerlegende zu stilisieren.

Weigel, Hans (geboren 1908 in Wien, gestorben 1991 in Maria Enzersdorf/Niederösterreich): Schriftsteller, vor allem aber Theater- und Literaturkritiker. Er machte junge Talente nicht fertig, sondern unterstützte sie. Kritisch war und blieb er, vor allem in bester Hofmannsthal-Tradition, der Sprache selbst gegenüber. Was seiner Sprache sehr gut tat.

Werfel, Franz (geboren 1890 in Prag, gestorben 1945 in Beverly Hills): Dass er in der Zeit zwischen den Kriegen einer der meistgelesenen Schriftsteller deutscher Sprache war, weiß heute kaum mehr jemand, dass er der dritte Gatte Alma Mahlers war, weiß fast jeder. Obwohl Werfel Jude war und sich trotz Almas Drängen standhaft der Konversion widersetzte, widmen sich viele seiner breitangelegten Romane christlichen Themen, sogar der Marienverehrung, was jüdische Freunde befremdete, katholische Leser aber entzückte.

Wiener, Oswald (geboren 1935 in Wien, lebt in Kanada): Berstend vor Begabungen, studierte er Jura und Musikwissenschaften, afrikanische Sprachen, Kybernetik und Mathematik, spielte Jazz-Trompete in Wien und Gastwirt in Berlin. Der unsentimentale Avantgardist, der alles, was er bis 1959 geschrieben hatte, vernichtete, war der theoretische Kopf der *Wiener Gruppe* und gilt als Visionär des Cyberspace.

Zilk, Helmut (geboren 1927 in Wien, lebt in Wien): Der Lehrer kam früh auf den Geschmack am politischen Geschäft, war 1967 bis 1974 Programmdirektor für Kultur beim ORF, dann ab 1979 SPÖ-Stadtrat für Kultur und hatte 1983 und 1984 die Aufgabe, sich als Bundesminister für Unterricht und Kunst stark zu machen. Zilks größte Stärke liegt in den Augen der Wiener aber nicht darin, es ab 1984 zehn Jahre lang auf dem Bürgermeistersessel ausgehalten zu haben, sondern in der Eroberung des Bühnenstars Dagmar Koller als Ehefrau.

Zweig, Stefan (geboren 1881 in Wien, gestorben durch Freitod 1942 in Petroplis bei Rio de Janeiro): Der polyglotte Erzähler, Dramatiker, Lyriker und Essayist lebte ab 1919 in Salzburg, von wo er 1934 nach einer Razzia in seinem Haus mit der Sekretärin nach London floh; seine Frau ließ er sitzen. 1941 emigrierte er dann weiter nach Brasilien.

Literaturhinweise

[1] Sinhuber, Bartel F.: *Alles Walzer. Die Wiener Seele in Geschichten und Anekdoten.* München und Wien 1997, S. 16/17.

[2] Nach: Cziffra, Geza von: *Der Kuh im Kaffeehaus. Die Goldenen Zwanziger in Anekdoten.* München und Berlin 1981, S. 20.

[3] Torberg, Friedrich: *Wien oder Der Unterschied.* München 1988, S. 104.

[4] Cziffra, Géza von, a. a. O., S. 20.

[5] Torberg, Friedrich, zitiert nach Sinhuber, Bartel F.: *Die Wiener Kaffeehausliteraten. Anekdotisches zur Literaturgeschichte.* Wien 1993, S. 164.

[6] Friedländer, Otto: *Letzter Glanz der Märchenstadt. Wien um 1900.* Wien 2002, S. 338.

[7] Heering, Kurt-Jürgen (Hrsg.): *Das Wiener Kaffeehaus.* Frankfurt am Main 1993, S. 125.

[8] Kosler, Hans Christian (Hrsg.): *Peter Altenberg. Leben und Wirken in Texten und Bildern.* Frankfurt am Main 1997, S. 263.

[9] Zitiert nach Troller, Georg Stefan: *Das fidele Grab an der Donau. Mein Wien 1918–1958.* Düsseldorf und Zürich 2004, S. 37.

[10] Kokoschka, Oskar: *Mein Leben.* München 1972, S. 55.

[11] Ebd.

[12] Ebd., S. 73.

[13] Ebd., S. 82.

[14] Ebd.

[15] Ebd., S. 83.

[16] Ebd., S. 82.

[17] Szittya, Emil, zitiert nach Heering, Kurt-Jürgen, a. a. O., S. 145–147.

[18] Loos, Adolf, zitiert nach Heering, Kurt-Jürgen, a. a. O., S. 252.

[19] Polgar, Alfred, zitiert nach Heering, Kurt-Jürgen, a. a. O., S. 153.

[20] Szittya, Emil, zitiert nach Heering, Kurt-Jürgen, a. a. O., S. 147.

[21] Viertel, Berthold, zitiert nach Heering, Kurt-Jürgen, a. a. O., S. 148.

[22] Polgar, Alfred, zitiert nach Heering, Kurt-Jürgen, a. a. O., S. 181.

[23] Sinhuber, Bartel F.: *Literatencafés*, a. a. O., S. 127.

[24] Prawy, Marcel: *Johann Strauß. Weltgeschichte im Walzertakt.* Wien 1975, S. 63.

[25] Kuh, Anton: *Lenin und Demel.* Zitiert nach: Heering, Kurt-Jürgen, a. a. O., S. 189 f.

[26] Torberg, Friedrich: *Wien oder der Unterschied.* München 1998, S. 91.

[27] Mozart, Wolfgang Amadeus: *Sämtliche Briefe und Aufzeichnungen.* Hrsg. von der Internationalen Stiftung Mozarteum, Band III., Salzburg, Kassel, Basel, Paris, London und New York, S. 186.

[28] Friedländer, Otto: *Letzter Glanz der Märchenstadt. Wien um 1900.* Wien 2002, S. 337 f.

[29] Gugitz, Gustav: *Das Wiener Kaffeehaus.* Wien 1940, S. 185–186.

[30] Erickson, Carolly: *Marie Antoinette.* München 2000, S. 36 f.

[31] Pichler, Caroline: *Denkwürdigkeiten aus meinem Leben.* Hrsg. von Karl Blümml, München 1914, 2. Bd., S. 34, zitiert nach: Zinser, Erich: *Das Lusthaus im Wiener Prater. Zur Geschichte eines fast vergessenen Wiener Wahrzeichens.* Wiener Geschichtsblätter, Beiheft 4. Wien 2000, S. 29–30.

[32] Ebd.

[33] Smith, Edward Lucie: *Neue Aspekte der Wirklichkeit.* In: Kunst der Gegenwart. Propyläen-Kunstgeschichte, Band 13. Frankfurt am Main, Berlin und Wien 1985, S. 27

[34] Ebd.

[35] Ebd.

[36] Eingetragen hat Beethoven nur den Vornamen seines Bruders Carl und dort, wo der von Johann hingehört, eine Lücke gelassen. Grund dafür sind nicht etwa brüderliche Zwistigkeiten, sondern die Unsicherheit darüber, welchen seiner Vornamen Nikolaus Johann führen wird, wenn das Testament in Kraft träte; Kaspar Anton Karl hatte erst bei seinem Umzug nach Wien beschlossen, sich Carl zu nennen.

[37] Beethoven, Ludwig van: *Briefwechsel.* Gesamtausgabe, Band 4, 1817–1822. Im Auftrag des Beethoven-Hauses Bonn hrsg. von Sighard Brandenburg. München 1996, S. 70.

[38] Stadtlaender, Chris: *»Ewig unbehaust und verliebt.« Beethoven und die Frauen.* Wien und München 2001, S. 42.

[39] Beethoven, Ludwig van, a. a. O., S. 63.

[40] Ebd., S. 70.

[41] Ebd., S. 71.

[42] Das Digitale Archiv im Beethoven-Haus Bonn schreibt hierzu: »Wie schon bei den vier Symphonien zuvor (5. und 6. sowie 7. und 8.) war auch die 9. Symphonie zunächst als eine von zweien gedacht. Den Anstoß zu beiden Symphonien erhielt Beethoven durch die Philharmonische Gesellschaft in London. Am 9. Juni 1817 schrieb ihm sein ehemaliger Schüler Ferdinand Ries in deren Namen: ›1tens: Sollen Sie nächstkommenden Winter hier in London sein; 2tens Sollen Sie für die philharmonische Gesellschaft zwei große Sinfonien schreiben, die das Eigenthum derselben bleiben sollen.‹ (BGA 1129) Diese Symphonien solle Beethoven dann in London selbst uraufführen.«
Wahrscheinlich ist jener Brief, den Beethoven nicht vor Mitte Juni bekommen haben kann, Anlass, die ersten Arbeiten an der Neunten ins Beethovenhaus zu verlegen. Doch das Beethoven-Haus vermeldet klipp und klar auf die Anfrage, wann denn erhaltene Entwürfe zur Neunten entstanden seien, dass es zwar zwei im sogenannten Scheide-Skizzenbuch gibt, das er zwischen März 1815 und Mai 1816 benutzte. Zur Zeit der Niederschrift war allerdings »noch nicht von der Neunten Sinfonie die Rede.« Und weiter: »Die nächsten bekannten Skizzen stammen dann schon von Anfang 1818. Obwohl Beethoven die Sinfonie nicht aus den Augen verlor, arbeitete er ernsthaft erst ab Ende 1822/Anfang 1823 daran.« So die schriftliche Auskunft von Julia Ronge, Beethovenhaus Bonn, vom 19. Januar 2005.

[43] Sinhuber, Bartel, *Alles Walzer*, a. a. O., S. 12.

[44] Seit der Renovierung 2004 sind diese Teile vermessingt und glänzen golden, was viel zu dekorativ gewesen wäre in den Augen von Adolf Loos.

[45] Hevesi, Ludwig: *Café Museum.* Zitiert nach: Heering, Kurt-Jürgen, a. a. O., S. 102.

[46] Siebauer, Ulrike: *Leo Perutz – »Ich kenne alles. Alles, nur nicht mich.«* Gerlingen 2001, S. 60

[47] Friedländer, Otto, a. a. O., S. 232.

[48] Ebd., S. 231.

[49] Ebd.

[50] Szittya, Emil: *Café Museum.* In: Heering, Kurt-Jürgen, a. a. O., S. 117.

[51] Ebd.

[52] Ebd., S. 118.

[53] Altmann-Loos, Elsie: *Mein Leben mit Adolf Loos.* Frankfurt am Main und Berlin 1986, S. 254.

[54] Szittya, a. a. O., S. 117.

[55] Ebd.

[56] Ebd.

[57] Ebd., S. 118.

[58] Szittya, Emil: *Das jüngste Café Größenwahn*. In: Heering, Kurt-Jürgen, a. a. O., S. 224.

[59] Giroud, Françoise: *Alma Mahler oder Die Kunst, geliebt zu werden*. München 1997, S. 171.

[60] Oberzill, Gerhard H: *Ins Kaffeehaus! Geschichte einer Wiener Institution*. Wien und München 1983, S. 116.

[61] Ebd., S. 51.

[62] Torberg, Friedrich: *Tante Jolesch oder der Untergang des Abendlands in Anekdoten*. München 1990, S. 135.

[63] Loos, Lina: *Wie man wird, was man ist. Lebens-Geschichten*. Hrsg. von Adolf Opel. Wien 1994, S. 145.

[64] Greene, Graham: *Fluchtwege*. Zitiert nach: Veigl, Hans: *Morbides Wien. Die dunklen Bezirke der Stadt und ihre Bewohner*. Wien 2000, S. 45.

[65] Schlögl, Friedrich: *Alte und neue Historien von Wiener Weinkellern, Weinstuben und von Weinen überhaupt*. Wien 1875, S. 43.

[66] Sinuber, Bartel F.: *Zu Gast im alten Wien*. Wien und München 1997, S. 89.

[67] Die sogenannte Erlebnisshow *WienKanalLive* findet von Frühjahr bis Herbst außer bei starkem Regen täglich statt. Einstieg am Esperantoplatz, gegenüber vom *Café Museum*.

[68] Springer, Christian: *Verdi und die Interpreten seiner Zeit*. Wien 2000, S. 43.

[69] Hevesi, Ludwig: *Café Museum*. Zitiert nach: Heering, Kurt-Jürgen, a. a. O., S.102.

[70] Pezzl, Johann: *Skizze von Wien*. Wien und Leipzig 1786, Heft I, S. 40 f.

[71] Altenberg, Peter: *Adolf Loos' ›American Bar‹*. Zitiert nach: Heering, Kurt-Jürgen, a. a. O.

[72] Kokoschka, Oskar, a. a. O., S. 78.

[73] Ebd., S. 79.

[74] Ebd.

[75] Altmann-Loos, Elsie: *Mein Leben mit Adolf Loos*, a. a. O., S. 35.

[76] Zitiert nach: Farin, Michael (Hrsg.): *Josefine Mutzenbacher oder Die Geschichte einer Wienerischen Dirne von ihr selbst erzählt*. Ungekürzter Nachdruck der Erstausgabe aus dem Jahr 1906 mit Essays zum Werk, Texten zur Prostitution im Wien der Jahrhundertwende, Beiträgen zur Ädöologie des Wienerischen, Stimmen zum Buch und einem Plädoyer. München 1990, S. 467.

[77] Wiener, Oswald: *Der obszöne Wortschatz Wiens. Beiträge zur Ädöologie des Wienerischen*. Zitiert nach: Farin, Michael (Hrsg.), a. a. O., S. 363.

[78] Loos, Lina: *Wie man wird, was man ist*, a. a. O., S. 153.

[79] Ebd., S. 154.

[80] Friedländer, Otto, a. a. O., S. 51

AUSSERDEM VERWENDETE LITERATUR

Barth-Scalmani, Gunda, Brigitte Mazohl-Wallnig und Ernst Wangermann (Hrsg.): *Genie und Alltag. Bürgerliche Stadtkultur zur Mozartzeit*. Salzburg und Wien 1994.

Baur, Eva-Gesine: *Das Leben ein Walzer. Genießen mit Johann und Johann Strauß*. München 2003.

Berzewiczy-Pallavicini, Federico (Hrsg.): *K u K Hofzuckerbäckerei Demel. Ein Wiener Märchen*. Text von Gotthard Böhm, Photos von Franz Hubmann. Wien 1991.

Buch, Esteban: *Beethovens Neunte. Eine Biographie*. Aus dem Französischen von Silke Hass. Berlin und München 2000.

Clache, Fayez: *Hauptquartier Demel. Im Auftrag Herr Udo*. Wien 1990.

Freud, Ernst, Lucie Freud, Ilse Grubrich-Simitis (Hrsg.) und K. R. Eisler (biographische Skizze): *Sigmund Freud. Sein Leben in Bildern und Texten*. Frankfurt am Main 1989.

Hermand, Jost: *Beethoven. Werk und Wirkung*. Köln, Weimar und Wien 2003.

Jacob, Heinrich Eduard: *Johann Strauß. Vater und Sohn*. Reinbek bei Hamburg 1953.

Kinsky, Georg: *Das Werk Beethovens. Thematisch-bibliographisches Verzeichnis seiner sämtlichen vollendeten Kompositionen*. Nach dem Tode des Verfassers abgeschlossen und herausgegeben von Hans Halm. München und Duisburg 1955.

Landon, H. C. Robbins: *Beethoven. Sein Leben und seine Welt in zeitgenössischen Bildern und Texten*. Zürich 1974.

Leitich, Ann Tizia: *Die Wienerin*. Stuttgart 1939.

Malmberg, Helga: *Widerhall des Herzens. Ein Peter Altenberg-Buch*. München 1961.

Pemmer, Hans und Nini Lackner: *Der Prater. Von den Anfängen bis zur Gegenwart*. Wien und München 1974.

Pretterebner, Hans: *Der Fall Lucona. Ost-Spionage, Korruption und Mord im Dunstkreis der Regierungsspitze. Ein Sittenbild der Zweiten Republik*. Wien 1988.

Schneidereit, Otto: *Johann Strauß und die Stadt an der blauen Donau*. Berlin 1982.

Schödel, Helmut: *Ein Staat braucht einen Mörder. Udo Proksch und die »Lucona«-Obsession*. Köln 1998.

Schönherr, Max und Karl Reinöhl: *Johann Strauß Vater. Das Jahrhundert des Walzers*, Band 1. London, Wien und Zürich 1954.

Troller, Georg Stefan: *Das fidele Grab an der Donau. Mein Wien 1918–1938*. Düsseldorf und Zürich 2004.

Waissenberger, Robert: *Wien 1890–1920. Politik und Gesellschaft, Stadtbild und Architektur, Psychoanalyse, Bildende Kunst und Kunsthandwerk, Musik, Literatur und Theater*. Wien und Heilberg 1984.

Bibliografische Information Der Deutschen Bibliothek
Die Deutsche Bibliothek verzeichnet diese Publikation in der
Deutschen Nationalbibliografie;
detaillierte bibliografische Daten sind im Internet über
http://dnb.ddb.de abrufbar.

Originalausgabe
Copyright © 2006 von dem Knesebeck GmbH & Co. Verlags KG, München
Ein Unternehmen der La Martinière Groupe

© der Fotografien: Berthold Steinhilber
© der Texte: Eva Gesine Baur

Gestaltung: Werkstatt München Weiss/Zembsch
Umschlaggestaltung: Fabian Arnet
Satz: satz & repro Grieb, München
Lithografie: Reproline Genceller, München
Druck: Passavia, Passau
Printed in Germany

ISBN-13: 978-3-89660-365-4
ISBN-10: 3-89660-365-5

Alle Rechte, insbesondere das Recht der Vervielfältigung und Verbreitung,
vorbehalten. Kein Teil des Werkes darf in irgendeiner Form (durch Fotokopie,
Mikrofilm oder ein anderes Verfahren) ohne schriftliche Genehmigung
des Verlags reproduziert oder unter Verwendung elektronischer Systeme
verarbeitet, vervielfältigt oder verbreitet werden.

www.knesebeck-verlag.de

Kaffee-Kunde

Einspänner, auch *Anspanner* Mokka mit Schlagobers,
aber auch eines von einem Paar Frankfurter Würstel, wie in
Wien die Wiener heißen. Der Einspänner wird in einem
kleinen Glasbecher serviert.
Fiakerkaffee, auch *Doppeltgspritzter* Mokka mit
doppeltem Rum
Großer Brauner eine Tasse schwarzer Kaffee mit Sahne
Großer Schwarzer eine Tasse kräftiger schwarzer Kaffee pur
Kapuziner Mokka mit wenig Milch
Kleiner Brauner Großer Brauner in klein
Kleiner Schwarzer Großer Schwarzer in klein,
gerne auch als Bezeichnung zur Vermeidung des Wortes
Espresso verwendet
Maria Theresia kleiner, gestreckter heißer Mokka
mit einem Schuss Orangenlikör (Maria-Theresia-Likör),
Zucker und Schlagsahne nach Belieben. Wird in einem
Glas mit Stiel serviert
Mazagran kalter Kaffee mit Rum angereichert und mit
Sodawasser aufgefüllt. Wird mit Eiswürfeln und Trinkhalm
(wegen der schnelleren Wirkung) serviert
Melange: Milchkaffee, in der Tasse oder im Glas serviert,
auch mit Schlagobers
Verlängerter eine Tasse leichter Kaffee mit Sahne